即効☆お金を惹き寄せる!
クリエイティブ・マネーの法則

「お金」は、スピードに乗ってやってくる!

佳川奈未

Nami Yoshikawa

ビジネス社

もはや、必読の「まえがき」

ちゃんと叶えるために、知っておきたいこと♪

お金の正体がわかったとたん、お金はスピードに乗ってやってくる！

この本は、あなたが〝必要なお金〟を、必要な期日までに、すんなり惹き寄せる方法や、そのお金が手に入ったら、しようと思っていた〝結果そのもの〟を、スピーディーに叶えるためのものです。

本書には、これまでの私の著書やセミナーや音声配信などでもお伝えしてきたお金にまつわる大切なことや、いまこそしっかりマスターしたい換金の秘密について、新たな息吹を吹きかけ、盛り込んでいます。

また、私自身やまわりの友人やファンの方々に効果的だったものや、うれしい体験エピソードも、たっぷりご紹介しています。

本書で、最初にわかっておきたい重要なことは、「お金はエネルギー」だということです！

ここを無視して、いまより多くのお金を惹き寄せることも、お金持ちになることも、豊かさと幸せあふれる人生を叶えることも、できません。

お金というものが、本当は、いったい、どういうものであるのか、そのなんたるかを知らないうちは、それを手にするのは難しいものです。人は、自分が知らないものを手にしようがないからです。

お金が「エネルギー」だということは、すなわちそれは、「紙」でできたお札や、「銅」でできたコインという、固形物であるだけの「物質」ではないということです！

この意味を、どうか深く理解してほしいのです！

いいですか！　もし、お金がただの「物質」だとしたら、それは、いまあるどこかの場所から、決して動くことはないでしょう。あなたのもとに歩いてくることもありません。世界の経済がまわることもないでしょう。

もし、お金はただの固形物的な「物質」でしかないとなれば、特定の場所にいまあるそのお金を「手にしたい！」というとき、人は、どこかや誰かから奪うしかなくなるでしょう。

実際、お金を「物質」だということでしか考えられない人、つまり、「誰かの財布の中にたくさんお金が入ってしまったら、俺さまの分がなくなる！」としか考えられない人は、どこかや誰かから奪うことしか頭になく、せっぱつまってしまい、そういう罪を犯してしまうのですから。

また、「他の誰かが儲けたら、自分は損をする！」「誰かがお金持ちになったら、自分はみじめな貧乏でいるしかなくなる」としか考えられない人は、やがて、自分の分はその人から奪うしかないという発想しかできなくなり、人の足をひっぱったり、邪魔したり、引きずり下ろすような、よからぬ人にもなってしまうわけです。

大なり、小なり、そういったことが起こっている現実を、私たちは身近で知ったり、毎日のようにテレビのニュースで見たりしています。

そして、お金は「物質」でしかない！　と言い張り、それでも、その「物質」をどうしても「手にしたい！」という場合、どこかや誰かから奪うのはいやだとしたら、もう、自ら作るしかないことになってしまいます。

が、無駄な抵抗はやめましょう。個人が自由にお金を印刷したり、製造したりすることは、できません。それは、造幣局と紙幣局の仕事だからです。

けれども、お伝えしたように、「お金はエネルギー」だという、その真の意味を理解していただけたなら、お金の問題はすぐに解決します！

そう、お金がエネルギーだからこそ、お金は、人と共鳴し、人々の間を、社会を、

循環することができ、誰のもとへも行くことができて、あなたも、もっと富むことができるわけです♪

といっても、お金がエネルギーであるというのは、どういう意味で、それをどうすれば活用でき、本物のお金にできるわけ？　いや、それ以前に、そもそも、そのエネルギーを自分がつくるって、どういうこと？

はい！　それについて、ここから楽しくお伝えいたしましょう！

お金というエネルギーの性質と換金の秘密をマスターすれば、いやでもクリエイティブなマネーの法則が働きます！

そのとき、あなたは、いつ、どこで、何をしていても、スピーディーにお金を惹き寄せ、豊かさと幸せに恵まれ、不思議でありがたい人生に満たされた人となることでしょう！

2020年10月

ミラクルハッピー　佳川　奈未

Chapter 1

お金を惹き寄せる☆エネルギーの秘密

——あなたとお金が、うまく〝共鳴〟するとき、それはやってくる♪

Chapter 2

お金を望むままに☆金額提示の魔法
——あなたの満足を形にするために、もごもご言わず金額を、どうぞ♪

Chapter 3

お金を出現させる☆クリエイティブ・マネーの法則

——あなたの中の神的作用☆
お金という創造的エネルギーの換金の仕方

Chapter 4

お金を手招きする☆楽しい生き方
——ちょっとの刺激で金運上昇！ 心地よい経済をスピーディーに叶える♪

Chapter 5

お金の流れを整える☆「潮」の法則

——遠慮せず受け取り、よろこんで拡大し、無限の領域に入る

Chapter 1

お金を惹き寄せる☆エネルギーの秘密

あなたとお金が、うまく“共鳴”するとき、
それはやってくる♪

リアルにお金を惹き寄せる秘密

お金はエネルギー☆
その大切な意味と働きを、いまこそマスターする！

最初にお伝えしておきたい重要なことは、「お金はエネルギー」だということです！

が、いったい、何のエネルギーなのかというと、ズバリ、それは、クリエイティブなもの、つまり、「お金は創造的エネルギー」だということです！

これはとても重要なこと！　〝創造力なくして、豊かさなし！〟だからです！

実は、この、「お金は創造的エネルギー」であるという真実は、いまから20年ほど前、私のハイアーセルフからやってきたものです！

当時、働いても、働いても、まったく楽になれず、「億万長者になりたい！」「幸せで豊かな人生を叶えたい！」と夢みても、〝どうすれば、それが叶うのか〟もわからず、途方にくれていました。

そのとき、ハイアーセルフ（つまり、私の心の声、潜在意識の声、神の啓示、といってもいいでしょう）から、私はこう告げられたのです！

「お金を得たいなら、自分の内に潜んでいるアイデアや閃き、智慧や知識や何かしらの技術やサービスを、惜しみなく自分の外に与えることです。

あなたの想像を通して、創造的になり、それをまわりに提供できるチャンスをいますぐ見出すのです。そうやって、あなたがクリエイティブな人でいるとき、すべての時間と場面が換金されます」と！

その言葉を聞いた瞬間、それが意味することが〝真実だ〟とピンッ！　ときたものです。と同時に、すごい秘密を知ったような気がして、なんともいえない高揚感があふれ出したものです！

そうして、実際、仕事で成功したいと思ったり、私生活でお金が必要になったりしたときに、私が、よりクリエイティブになることを実践するほど、みごとにチャンスは現われ、思いもよらぬ大きなお金や、望む結果そのものが、やってきたのです！

よく考えてみれば、これほどシンプルですごい、当然の真理はないのかもしれません。

というのも、**世界中の成功者たちは、この「お金は創造的エネルギー」であるという真実を、まるで無意識のうちに知っていたかのように、人より創造的でいることで、大きな富を手にし、偉大な結果を世に残しているのですから！　しかも、ずっと昔から!!**

そして、同じことが、あなたにも可能なわけです♪

ちなみに、「お金は創造的エネルギー」であるという真実と、換金の秘密については、私のセミナーや音声配信番組でもお伝えするたび、大反響となったわけですが、これこそが、あなたをここから、大きく富ませる重要な鍵となることを、決して、忘れないでくださいね。

さて、創造的でいるとき、つまり、あなたがクリエイティブな人であるときには、いつでも、あなたの中から、はかりしれないパワーが出ます。それが、「創造的エネルギー」なわけです！　そして、そこには、力だけでなく、流れ・勢い・循環・拡大の性質があります！

これらを、トータルにパワー強化することで、必要なお金や望む結果が、スピードに乗ってやってくるのです！

そのために、ここから、あなたにやっていただきたいことは、ただひとつ！　そのエネルギーを自分の中につくっていただくこと、だけです！

そうすれば、あとは、エネルギーが勝手に仕事をしてくれるからです♪

しかし、どうやって⁉　はい。それについて、次の項より、お伝えしましょう！

換金されるエネルギーをつくる

この状態をつくれたら、まず成功☆
お金が惹き寄せられてくる♪

あなたが、自分の中に創造的エネルギーをつくるとき、いつでも、どこでも、お金を惹き寄せる磁力を放つことになります！

とはいうものの、どうすれば、それを自分がつくることができるのでしょうか？

ズバリ、それは、あなたが、ほしいお金や、そのお金を使ってしたいことや、叶えたいことについて、自分の想像力（イメージ）というものを通して、創造的になる（意図する）だけで、いいのです！

わかりやすく言うと、お金が必要なときには、いつでも、あなたの好きなように、虫のいいことを、自由におもしろがって、リッチに望んでくださいな、ということです♪

すると、あなたの中に、換金されることになる創造的エネルギーが勝手に生み出されます。それはひとことで言うと〝創造力〟ということですが、それこそがクリエイティブなマネーの法則を働かせるものに他なりません！

ちなみに、**創造力とは運命の創造主の力、無から有を生み出す神秘的でリアルなパワー、つまり〝神そのもの〟の力です！　それゆえ、あなたの内側に創造的なエネルギーを生み出すだけで、外側の現実で、自動的に、望みのすべてが手に入るようになっているのです！**

とにかく、お金を必要とするときには、そのお金をすでに手にしている自分の姿や、そのお金を使って買いたいものを買っている様子や、お金を使ってしたいことをしている場面を、わくわく、イキイキ、ありありと、鮮明に思い描くことです！

そして、そこに、うれしい、楽しい、幸せ♪というような〝いい感情〟を注ぎ、その絵＝想像の世界のワンシーンに、命を吹き込むのです！

そうしたら、次は、それを育《はぐく》みます。日常的に、頻繁に、その想像の世界を訪れ、"感謝"を捧《ささ》げ、すでに得た"満足感"にひたります。そして、訪れるたびに、そのつど、感謝&満足感で、エネルギーを増幅させます！

これで、あなたの中にお金か結果を惹き寄せることになる創造的エネルギーがみごとにつくられます♪　あなたは、ひと仕事、ちゃんと終えたことになるわけです。

すると、そのあと、何かが起こります！　誰かから連絡があったり、意外な出来事が起こったり、用事を頼まれたりするのです。そうして、グッドタイミングで必要なお金を手にするか、そのお金を手にしたらしようと思っていたことそのものが、結果となってあなたのもとにやってきます！

ちなみに、エネルギーを増幅させる必要があるのは、それが何であれ物事が現象化されるには、それ相当のエネルギー量が必要だからです！　コップ一杯のお湯を沸かすにも、それ相当の熱量が必要なのと、同じで。

では、いつまで、その絵＝想像の世界に訪れる必要があるのか？　というと、「もう、いい」「あきた」という〝やめどきまで〟です。

このやめどきは必ずきますし、やめどきがきたらあなたはもうそれをしないものです。しようとしても、できません。すべき仕事が、もう完了したからです。

そして、何を隠そう!!　この〝やめどき〟こそが、そのお金の願いを叶えるための創造的エネルギーを必要量まで増幅させ、宇宙に放ち、「惹き寄せ開始」となったサインなのです！

エネルギーを放つ方法とは⁉

ここでのお願いです☆
余計なことは、一切、しないでください

前項でお伝えしたやり方で、増幅されたエネルギーは、勝手にあなたの内側から外側へと、放たれることになります！

それゆえ、放つ方法については、考える必要はありませんし、あなたがそれ以上、何かをする必要もありません。そこからは、現象化を得意とする、エネルギーの仕事だからです！

あなたが想像を通して、叶えたい絵のある世界を訪れ、日常的に頻繁に注目し、創造力を生み出し、そのつど〝いい感情〟や〝感謝〟や〝満足感〟を注ぎ、必要量のエネルギーを増幅させたなら、あとは、一切、余計なことをしないでください。

余計なこととは、「あのこと本当に叶うのかなぁ」と心配したり、疑ったり、必死に何度も「叶いますように!!」と祈り続けるということです。

ネガティブな気分とともに、執着してもらっては困るわけです。

むしろ、このことについては、もう、ほったらかしにしてください。

エネルギーがあなたの外側に放たれるというのは、コップに水を注いだとき、許容量の水がそのコップに入ったら、勝手にあふれ出して、外に放たれてしまうのと同じ原理だからです。

つまり、コップからあふれ出た水は、テーブルやその下の床へと、勝手に自由に広がっていくように、あなたの中のエネルギーも、許容量を超えたら、勝手に外に放たれ、動きだすからです！

あなたのつくった創造的エネルギーには、自由性と方向性と確実性があり、神秘的かつ現実的な「成就力」を備えています！　また、そのエネルギーの性質にみあったものをオートマチックに叶える、すごい働きをも持っています！

しかも、その創造的エネルギーがあなたの中で拡大しているとき、あなたが楽しく日常を過ごし、よろこんで何かをやり、イキイキ活動するほど、新たなパワーが加算され、そのエネルギーは力強く動き出し、勢いのあるものになります！

そのとき、エネルギーに必然的に「スピード」が生まれ、あなたの望みはスピーディーに実現するのです！

つまり、お金がスピードに乗って、やってくるわけです！　そして、かならず、あなたがお金を必要としている期限内に、タイミングよくやってくるから不思議です♪

そのお金は、どこからやってくるのかというと、目にみえないエネルギーの世界である、無限の〝富の源泉〟である、お金の川、お金の海からです！

つまり、それは、あなたの創造的エネルギーに共鳴する、雇い主や会社、あなたに何らかの理由でお金を渡したり、正当な道理であなたにお金をまわしたりする必要のある、ありとあらゆる人や場面や出来事からです！　また、意外なことや、思いもよらぬ幸運な流れであなたにお金を与えようとするチャンスの宝庫からです！

創造的でいてくださいよ

〝換金〟は宇宙の仕事！
そのエネルギーを創るのは、あなたの仕事！

「創造力なくして、豊かさなし！」です！　それゆえ、つねに〝楽しく想像し、正しく創造する、クリエイティブな人でいること〟です！

クリエイティブであることを通して、かんたんに、あなたは、目に見えない世界とつながり、無限の〝富の宝庫〟であるお金の川、お金の海に入っていけるからです。

そして、あなたのほしいものは、すべてそこから供給されるからです！

人生のどんな場面であれ、あなたがひとたび、必要なお金、ほしいもの、叶えたい状態を望み、創造的になり、クリエイティブな人でいるようにするならば、お金でも、その他の富でも、あなたは好きなだけ、何度でも、この現実で受け取れるようになります！

さて、その創造力とお金の出現の関係はとても重要なものです。そのことについて、あなたに知るべきことを知っていただくために、必要な自覚を持っていただくために、ここで、ちょっと、日常をふりかえってみてほしいのです。

あなたは、これまで、「お金があればなぁ～」「もっとほしいなぁ～」とよく言っていたものの、それでも、お金が来たためしはありませんでしたね。なぜでしょうか？

答えは、本当には、そのお金が〝何で必要なのか〟、自分でもよくわかっていないからです！　もしかしたら、なんとなくお金があったほうがよさそうな気がして、夢うつつで言っていただけだからかもしれません。まぁ、ないより、あったほうがいいのではないか、などと。

しかし、そこには、大切なものが欠如しているわけです！　その、あなたの中に欠如しているものこそ、「創造力」、つまり、クリエイティブでいることなのです！

では、なぜ、あなたにはそれが欠如しているのかというと、そもそも、何のためにお金を必要としているのか、どんなことのためにお金を得たいのか、その望みが自分の中で不明確であり、それゆえ、そのお金を手にしている自分の姿が〝想像できない〟からです！

そもそも、なぜ、あなたには、お金が必要なのでしょうか？　それは、いつまでにいりますか？　また、どうして、もっとほしい！　と、思うのでしょうか？　本当にお金持ちになる気はありますか？　得た大金にみあった大きな税金を、よろこんでたくさん国におさめる気持ちはありますか？

もし、いま、何らかの意外な理由で、思いもよらぬ大金があなたのもとに舞い込んだとしたら、それを本当にうまく扱える心の準備と活用方法を持っていますか？　家のどこにその大金をしまい込みますか？　それはそうと、金庫は自宅にあるのでしょうか？　大金をプールするための新たに口座をひらくとしたら、貸金庫も契約するとしたら、どこの銀行にしますか？

自分の中で、はっきり望んでいる金額と暮らし方と、その想定と、リアルな気分がないから、あなたの中で〝お金を得た自分〟がビジョンとして想像できず、お金を得る創造力が生まれず、クリエイティブにもなれず、必要なお金も現実にやってこないわけです。

では、どうしたら、いいのでしょうか？

そのために、いますぐできる、シンプル&ハッピー&リッチな方法を、次の項でお伝えしましょう！

財布には、ちょっと余分にお札を入れる♪

ふところがあたたかいと、あなたの心もあたたか！
それがリッチの素《もと》

あなたが創造的でいるだけで、金運は数倍、数十倍、数百倍も高まり、ゆくゆくは、あなたも桁違いの大金を手にする人になれます！

そこで、手始めに、やっておきたいことがあります！　ズバリ、それはまず、「お財布の中身」を積極的にクリエイトすること♪

具体的に言うと、〝いつもよりちょっと余分に財布にお金を入れる〟ということです！　う～んと多めに札束を入れるほど、なお効果的！

たったこれだけのことで、あなた自身と財布の中に、創造的エネルギーが満ち溢れ、みるみるお金を惹き寄せ始めます！

いいですか！　人は、財布の中身が軽いと、心は重く、悲観的で、否定的になりがちです。「これじゃ何も買えない」「どこにも行けない」「何もできない」「自分は、なんて金運がないんだ」「ほんと、恵まれていないよなぁ」などと！

これは、とても恐ろしいことです。というのも、それこそが、創造的にいようとするのを最も邪魔するものだからです！

けれども、もし、1万円ではなく、10万円、20万円……100万円の束が、自分の財布に入っていたら、どうでしょうか？

「おいしいものでも、食べに行こうかなぁ」「これでほしいものでも買おうかなぁ～何がいいかなぁ♪」「そうだ、○○さんにプレゼントをあげたいなぁ♪」「旅行会社に行って、週末に行きたい宿をおさえておこうかなぁ～」と、あれこれ、うれしい豊かな想像をして、勝手に創造的になりませんか？

もし、あなたのバッグに1500万円入っていたら、高級外車でさえも、キャッシュで即日購入できるでしょう！　「それも、ありだなぁ〜♪」と想像して、憧れのステイタスを創造しようとするはずです！

そのとき、あなた自身、「余裕」が出るからです！　実は、この感覚がとても大切！

持つべきものを持っていたら、いやでも、人は、勝手にクリエイティブな人となり、ふだんから、リッチな発想しかしなくなり、豊かな生活に入るのは、かんたんになるのです！

「余裕」があるがゆえに、さらに良きもの、豊かなものを、人生に惹き寄せるのが、かんたんになるわけです！

さて、うちの妹は、いつも財布の中身が少なめです。〝節約しているつもり〟のよう。「お金を持ち歩くと、使ってしまってはいけないから！」というわけです。

それゆえ、一緒にいるとき、「あの素敵なレストランでランチをしようよ♪」と私が言っても、即座に、「そんなお金、ない。1000円のランチでいい」と言うのです。〝〜で、いい〟というのは、よろこんで、納得してやろうとしている決断ではありません。渋々で、みじめな選択なのかもしれません。

それで、「私が、ごちそうするから♪」と言うと、妹は、パッと顔色を変えて、「行く♪　行く♪　わ〜い!!　あそこ、前から行きたかったのよ！　ミシュランガイドに載っている素敵なお店だと知っていたから♪」などと、よろこぶわけです。ほら、やっぱり、うれしいでしょう〜。

誤解のないように言っておきますが、なにも、1000円のランチが悪くて、1万円のランチのほうがすごい！　と言っているのではありません。私も、1000円のランチのおいしいお店に、よろこんで行くこともあるわけで。

1000円のランチでも、よろこんで決定したなら、それでいいのです。

が、〝**がまんして、そうする**〟というのと、〝**よろこんで、そうする**〟のでは、**自分の中に発生する気持ちもエネルギーにも、雲泥の差がある！**　ということです。

そして、あるとき、また、神戸で妹と会うことになり、今度はよろこぶだろうと、「今日は、○○のフレンチレストランで、ランチにしようよ♪　あそこも、あなたの好きなミシュランのお店だよ♪」と言うと、またしても「お金ないから」と、ちょっと顔を曇らせて言うわけです。

あのなぁ～、私が神戸に行くというのは、前もって言っておいただろうがぁ～。一緒に遊ぶためのお金くらい、財布に入れておけよ～！　と、思うわけですわ。

これでも私は、昔はリッチな姉ちゃん風をビュンビュン吹かせて、印税が入るたびに気前よく妹に、「はい。5万円あげる！」「はい、今日は10万円プレゼント♪」と、おこづかいを渡したりしたこともあるわけです。自慢じゃございませんが。

しかし、それでは、妹を本当の意味で、豊かに引き上げていることにはならないとハタと気づいてやめたのです。お金をあげるのではなく、お金を得る方法を伝えなくては、どうしようもないなぁ～と！

ほら、あれと同じですよ、子どもに魚をあげるのではなく、魚を釣る方法を教えねば、その子のためにならないという。

それで私は、妹に、あえて、こう言ってみたのです。「みじめな言葉しか出ないような財布の中身にするな‼ なんでも、自分に一番良いものを選択できる人でいろ！」と。そして、本書にあるようなことを、あれこれコンコンと伝えたわけです。

すると、その後、妹も、財布にちょっと余分にお金を入れるようになり、次に会ったときからは、うれしいことに、こんなことを言ってくれるようになったのです。

「おねぇちゃん、大切なことを教えてくれて、ありがとう。財布にお金がたくさんあると、うれしいし、自分が一番安心するんだとわかったよ♪

私、もっと、がんばって、おねぇちゃんに近づくから！ おねぇちゃんにも、いいものをプレゼントできるようになるから！」と。

まぁ、何もくれなくても、いいのだけれど……。あなたの口ぐせと顔色と気分と金運が、明るくハッピーになるのなら♪

そして妹は、自分が本当に叶えたいライフスタイルがどんなものかを想像するようにもなり、そこにあるよろこばしい気分を知り、意識が変わったのか、その後、仕事を変えたのです。

それまでは、派遣で給与18万円でしたが、なんと、そのあと、某エステサロンの店長になり、50万円の月給をもらえるようになったのです！

このご時世、50万円もくれる勤め先など、なかなかないでしょう。なんともラッキーな展開になったものです！

叶えたいライフスタイルや金銭事情を、大きく豊かに想像すると、本来、自分の中にあった創造力も大きく発揮されます！

そして、自分が本来持っていた価値や才能や得意なことにも、気づきやすく、より良い人生を叶えていこうとするものです。そのとき、お金の創造的エネルギーが、その人の新たなエネルギーに共鳴して、ふさわしいチャンスと仕事とお金へとリッチに導いてくれているのです！

毎日、お金を持っている人でいる♪

実践効果大☆
財布の中身が変わるとき、あなたの金運は跳ね上がる！

財布というのは、毎日持ち歩くものだけに、その中身の質は、問いたいところです。財布にいつも、1万円くらいしか入っていないというのなら、3万円入れてみましょう。いつも5万円くらいは入れているというのなら、一気に10万円にしてもいいでしょう。

おススメは、いつも、月給分くらいのお金を財布に入れておくこと！

「そんなことをしたら、今月やっていけない！」などと言わないでください。それを「使え！」と言っているのではなく、「入れておくだけ♪」だからです。もし、あなたの全財産がそれだけであったとしても、入れてみる価値はあります！

なんなら、銀行の窓口へ行き、100万円の帯付きをもらってきて、それをスポッと財布の中に入れることです！　それを実行するために、貯金でもして、あるいは定期預金でも降ろして、一度そうしてみましょう！　かなり、リッチな気分になります♪

その前に、「すっぽりと100万円の札束が入る財布も用意しておこう！」というように、創造的でいてくださいよ。

決して、「財布には限度額300万円のカードがあるから、別に現金を入れなくてもいい」などと、言わないでください。カードには返済義務があり、使うたびにしているのは、未来への借金だからです！

返さなくてはいけないものばかりに囲まれるのではなく〝余裕〟にかこまれてみてください。

現金・札束という〝現物のお金のパワー〟というのは、すごいもので、大きな安堵《あんど》をくれ、心を安定させてくれ、あなたを一瞬で、おだやかにしてくれます。

しかも、お金は、安心感のある人、安定した状態にある人、豊かな中でほほえむ人のところに、率先して、行きたがります。しかも、仲間を連れて♪

不思議なもので、人は「現金」で分厚くパンパンに膨れあがった財布とともに歩むとき、いい気分になれて、まるで、今日の自分はいつもの自分と違う〝何者か〟になったつもりにさえ、なるものです。

持っているお金というのは、それほど心理的に作用するものです。財布が軽いと心は重いわけですが、財布が重いと心は軽やか～♪　なのです。経験あるでしょ。

ちなみに、お金自体も、惹き寄せの磁力を持っているので、あなたがお金をたくさん持っているときほど、さらにたくさん入ってくる！　という法則が働き、より、リッチになりやすいものです！

さて、お金を財布の中にたくさん持っているときほど、「何に使おうかなぁ〜♪」などと、人は、ルンルン、楽しみを生み出す〝創造的な人〟になれるわけです。

が、そのお金を持っていないというのなら、「何に使おうかなぁ〜♪」という想像を通して、先に、創造的になってしまえばいいわけです。

そうすれば、たとえ、財布の中身がからっぽでも、あなたはたっぷり現金の入った財布を持っている人と同じエネルギー状態でいられ、クリエイティブなマネーの法則を、たやすく働かせ、素早く、必要なお金を惹き寄せられるからです！

先に〝使いみち〟を決める

確実に、素早く、キャッシュを得る☆おいしい魔法力を身につける

あやふやではなく、確実に、素早く、お金を手にしたいというのなら、「先に〝使いみち〟を決める！」ことです。これこそが、あなたの創造力の極みであり、入金をスピード化する、最も手っ取り早い方法です！

いいですか！　なんとなく、「お金があったらなぁ～」「もっと、お金持ちになりたいなぁ～」「憧れのあの人のように、リッチになれたらなぁ～」では、想像も創造も乏しく、お金を惹き寄せるエネルギーにはなりませんし、そんなあなたのエネルギーの磁力は弱いものです。

いったい自分が、何のために、何をするために、お金を必要としているのか、その

ださい。

ちなみに〝使いみち〟を決めることで、「お金はたやすく出現する！」のだと、覚えておいてください。

ちなみに〝使いみち〟を決める！　というとき、あなたはそれについてあれこれよろこんで想像し、自動的に楽しく創造的になり、自分のエネルギーシステムに、「有力情報」をすんなり入力することになります。

エネルギーに必要な情報が加わると、それは意図を持つことになり、形になりやすくなります。逆に、情報のないエネルギーは、何も形にできません。

ちなみに、エネルギーは、ある一定の量と質になると、必然的に現象化します！

エネルギーをそれ相当なものにしているのに、現象化しないということは、ありません。「なんだか、結果までがもたもたしている」というのなら、あなたがもたもたしているからです。とっとと、使いみちを決めてください。

あなたはお金を手にして、いったい、どうしたいのでしょうか？

何かを買いたいのでしょうか？　そのお金で何かしたいことがあるのでしょうか？　どこかに行きたい？　誰かに返済するためでしょうか？　たんに、もっとお金があったほうがうれしいからということでしょうか？

新しい洋服を買いたい、ダイヤモンドがほしい、車を買いたい、家を建てたい、海外旅行をしたい、事業を始めたい、豊かになって親に楽をさせてあげたい……。

とにかく、どんなことでもいいので、何のためにそのお金がいるのか、その〝使いみち〟を決めるのです。すると、あなたのエネルギーは瞬時に、創造力を発揮し、確実に、素早く、必要なお金を生み出すか、惹き寄せるか、押し寄せさせることになります！

このシンプル、かつ、強力で、誰でもできる方法を、これまで多くの方が知らなかったというのですから、驚きです。

使いみちを決めるとき、「お金持ちになりたい！」と1000回叫ぶよりも、効果的です！　みごとな入金の流れを起こします！

今日からは、やみくもに、「お金がほしい‼」と言う代わりに、「最新のパソコンを買いたい♪」「毛皮のコートを買う！」「家を新築する！」「1か月会社を休んで海外旅行をする！」というように〝使いみち〟を具体的にどうぞ♪

いつでも、**あなたが、使いみちを決めると、宇宙に「受け取り設定」をしたことになり、それを受け取る流れが、自然に生み出され、確実に、素早く、キャッシュを得られるという、そんなおいしい魔法力が働くのです！**

そのとき突然、友人や知人があなたに謝礼を渡すからと、何かを依頼してきたり、探していた仕事が決まったり、いまのポジションから引き上げられるチャンスがきたり、思いもよらぬ出来事が起こり、意外な展開で、お金を手にすることになるのです！
あるいは、誰かがあなたの必要とするお金を融通してくれたり、その人なりの理由で資金提供してくれたりします。

ときには、もう、そのお金を手に入れる必要すらなく、そのお金ができたらこういうことを叶えたい！　と、思っていた〝結果そのもの〟が、うれしい形になって「はい、どうぞ♪」と、もたらされることになります！

こういったすべては、あなたが先に〝使いみち〟を決めることで、当然のように起こることなのです♪

与え手の器《うつわ》をあなどらないこと

ほしいなら望みなさい。

それは、当然のごとく、与えられます！


お金の〝使いみち〟を決めるというのは、お金を求める際の必須アクション！

たったそれだけで、スピードに乗って物事が展開し、あなたはお金や結果の待つ場面へと、即効で導かれます！

それゆえ、与え手（あなたにお金をくれる人、あなたに富を与えてくれる然《しか》るべき場所、無限の宝庫である宇宙）には、遠慮せず、しっかり、使いみちとほしい金額をどうぞ♪


たとえば、あなたが学生さんで、ちょっとお金が必要なのだとしましょう。そのとき、お母さんに、ただなんとなく、「お金をちょうだい！」と言ったとします。すると、お母さんは、「あら、何に使うの？」と、そうくるでしょう。

もし、「いや、別に、これといって理由や使いみちはないけれど、なんとなくお金がほしいから」などと言おうものなら、きっと、お母さんに、「ふざけなさんな！」と叱られるかもしれません。そして、お金も出てこないでしょう。

しかし、「すぐに買いたい参考書があって、その代金３０００円が今日中に必要なの」と、お金の使いみちをちゃんと言い、期日まで告げれば、きっと、お母さんは「あら、そうなのね。はい。どうぞ♪」と、すんなりお金を出してくれることでしょう。

〝使いみち〟がそこにちゃんとあるとき、要求したお金は、すんなり出現するのです！しかも、期日を告げるとき、その期日までに、お金はちゃんとやってきます！

さて、ここで、使いみちを決めたあと、うれしいことが起こったという、Ｓ子ちゃんのエピソードをご紹介しましょう。

学生の彼女には、ほしい憧れのブランドのワンピースがありました。しかし、女手ひとつで自分を育ててくれ、何かと節約している母親にはそれを言えずにいました。

それでも、やはりその洋服を着ている自分の姿を想像すると、どうも自分にもお似合いで、ハッピーで、ほしくてたまりませんでした。

そして、彼女はアルバイトをして、その洋服を自分で買い、日頃から何でもがまんしている母親にも、来月の誕生日になにか素敵な洋服をプレゼントしたいと思っていました。

バイト代は計算すると6万円くらいにはなりそうでした。支給は来月末で、そのお金で2人分の洋服は、ギリギリ買えるかなぁという感じでした。

そんなある日、バイト帰りに街を歩いていると、遠方に住んでいる叔母さんにばったり遭遇！　叔母さんとは、日頃、あまり会う機会はありませんでした。それゆえ、叔母さんのほうから「せっかくだから」と食事に誘ってくれたのです。

叔母さんは、叔父さんと印刷会社を経営していて、その日は取引先にあいさつに行った帰りだったということです。

そして、食事の席で、アルバイトをしていることを話すと、叔母さんは、「熱心なことね」と褒めてくれ、「ふだん、何もしてあげていないから、よかったら、これで洋服か好きなものでも買いなさい」と、10万円をくれたのです！

「わぁ♪」と、一瞬、よろこびましたが、すぐに母親の顔がよぎりました。誕生日でもなんでもないのに、こんな大金を叔母さんから突然もらってもいいのかと。それで、その申し出を断ろうとすると、叔母さんのほうから、気をきかせて、こう言ってくれたのです。

「大丈夫、心配も遠慮もいらないわ。私からママにも話しておくから。久しぶりに会ったから、何かしてあげたかったのだと。そして、このお金はS子ちゃんの自由にさせてやってほしいと、お願いしておくわね♪」と。

そう言ったかと思うと、その場で母親に電話をしてくれ、電話に出た母親も「せっかくだから、甘えて、いただいておきなさい♪」とよろこんでくれたのです。

そうして、彼女は、憧れのブランドのワンピースと、母親へのプレゼントの洋服を買えただけでなく、余剰が出た分で、もうひとつ好きなものも買え、結局、必死でバイトを続けなくても、意外な展開で、コロッと願いを叶えることができたのです♪

いつでも、先に、使いみちを決めると、お金の奇跡が起こります♪

あなたが何かを決めると、その意図に従うしかないエネルギーの法則が働くからです！

そして、いつでも、与え手は、あなたが〝ほしい♪〟と望むものに、うれしい余剰をつけて、よろこばしく与えてくれる、太っ腹な存在なのです！

「買う」「持つ」「使う」の魔法作用♪

ちょっとした、あなたの意図ひとつにも、
宇宙はおもしろがって動く！

あなたが何かを「買う」「持つ」「使う」と決めると、宇宙はよろこんで、対象となるものを、即座にだんどりし、惹き寄せ始めます！

そのとき、必要とするものは、すごくナチュラルに、軽やかに日常に入ってきて、ただ、ポンッと目の前に、それをあっけなく運んでくるものです♪

最近、こんなおもしろいことがありました。新型コロナの影響で、自粛期間中、私はどこにも行かず、おとなしく家にいたのです。すると、あまりにも暇すぎて、なにか家で楽しいことをしたいという衝動にかられ、「新しい電子キーボードがほしい♪」と思ったのです。これなら、いい遊び道具になるはずだ♪　と。

そして、気持ちだけでも先に〝電子キーボードを持っている人〟になりたいと、インターネットで何気なくキーボードの動画を検索してみたのです。

すると、キーボードをプロが演奏しながら、使い方を解説しているYouTubeの動画をみつけたのです。そのプロは、あまりにもかんたんそうに弾いていて、しかも、音色がとても美しい！　しかも、キーボードは、なんと、5万円程度の可愛いお値段で、以前に買ったピアノよりはるかにお安く、感動♪

それをみて、いっぺんに気に入った私は、「買うなら、このキーボード♪」と心の中で、まず、決めたのです。そして、自分がそれをポンポロ弾いているのをイメージして、想像の世界で遊んでいたのです。

それはそれは、うまく弾けました♪　まぁ、想像の世界ですからねぇ〜。

想像は、現実と違うことも、あたかも本当のように、その気にさせてくれるものです！　そこが、想像の世界のいいところ♪

そのとき、その想像を本物にする創造力も勝手に生まれるわけです！　現象化の素となる素晴らしいエネルギーとして！

そして、おめでたい私は、キーボードのある暮らしをうれしがり、まだ買ってもいないのに、〝置く場所〟を確保すべく、部屋のそうじと模様替えをしたのです。

部屋がいい感じにきれいに片付いたとき、なぜか、急に、ホッとしました。

〝まぁ、やがて、そのキーボードを迎える日はくるだろう♪〟という、予感に満たされて。だからといって、私は、そのお金を財布に用意することも、家電量販店に行くことも、一切していませんでした。

すると、ある日、歯が痛くなり、車で歯医者に送迎してもらおうと、ひとり暮らしをしている息子を呼び出し、お願いしたのです。

快く来てくれた息子は、「帰りにちょっと家電量販店に寄らせてほしい。パソコンと掃除機を買いたいから」と、言うのです。「いいよ♪」と、帰りにそのまま家電量販店へ。

そうして、あれこれ買い物をしたあと、貯まったポイントをみると、なんと、「7万円分もポイントがある！」と、息子はよろこんだのです。

そして、私の顔をみると、いきなり、こう言ってきたのです。「そうそう、前に持っていたピアノを甥っ子にあげてから、また、ほしいとか言っていたよね。このポイントを使って電子キーボードでも買う？」と。

おかげで、私は、身銭を切ることもなく、まさに、YouTubeでみていた、あの美しい音色の電子キーボードを、ごく自然の流れで、あっさりと、手に入れたのです！　それは、私がキーボードを買いたいと決めた日から、たった4日後のことでした！


とにかく、あなたが何かを「買う」「持つ」「使う」と決めると、宇宙がおもしろがって、ジョークのような流れをよこし始めます。それは、あなたに何かを望まれるのが好きな宇宙の性質のひとつでもあります。

そして、お金を用意するより、結果そのものを引き渡すほうが手っ取り早いと思ったら、宇宙はお金を準備することや、銀行のATMに連れて行くことをぶっとばし、結果のみを持ってくるのです。

いつでも、あなたの中の創造的エネルギーは、宇宙の心をくすぐる名人なのです！

〝結果がポン♪〟を経験する

あなたが決めると奇跡が起こる☆ それは、そうなるようになっている！

それが何であれ、あなたが必要なお金そのものよりも、そのお金を使って買いたいもの、したいこと、なりたい状態を、まず、決めることで、すべてはリアリティを増します！　そして、それを受け取る気満々でいるとき、スピーディーに現象化するのです！

わかっておきたいことは、「お金が手に入ってから、そのことを考えよう」などと、お金ができるのを待つ必要はないということです。結果を先に決めることで、お金が手に入る流れにすんなり入れるからです！

そんなうれしいエピソードを、ここでも、ひとつ、お伝えしましょう！

それは、イベント運営会社のY君の話です。彼は、あるとき、美しい風景の写真展に行き、写真に興味を持つようになりました。

そこから「僕もカメラがほしいなぁ〜♪」と思っていました。そして、あるとき、「よし！　僕もいいカメラを買うぞ！」と、決めたのです。

東京のカメラ街といわれる場所や銀座の有名なカメラショップやデパートにカメラを見にいきましたが、レンズのいいものをと思うと、買いそろえるのに少なくとも、50万円くらいのお金が必要だとわかりました。

「カメラは高いんだなぁ……」と思いつつも、なんとか自分で資金を用意するつもりでいました。が、その50万円は貯金でもしないとなかなか貯まりそうもなく、かといって、他に入金のあてもなく……。そんな中、ただ、連日、「カメラ！　カメラ！　絶対に買うぞ！」と心の中で叫んでいたのです。

そんなある日、Y君は突然、立派なカメラを抱えて、うれしそうに私のところにやってきたのです！

私が「それ、どうしたの⁉　すごく立派なカメラだね！　いつ買ったの？」と聞くと、「ひょんなことから、新品をもらった！」というのです。

詳しく聞いてみると、あるコミュニティのオフ会の飲み会があり、気がむいたので何気なく参加したのだと。

そのとき、たまたま隣の席に座った人と意気投合し、仲良くなったそうです。そして、何気なく自分がカメラに興味があるという話をすると、「それなら、今度、いいものを見せてあげる！　個別で会おう！」と次の約束をすることになったのです。

後日、会ってみると、なんと‼　その人は、有名な雑誌の写真を撮り続けているプロのフリーカメラマンだということがわかったのです。

しかも、彼は、そこに大きな黒いバッグの塊を背負ってきており、その中から取り出した、カメラと他の付属品セット一式をすべてプレゼントしてくれたのです‼

それは新品のもので、驚いたことに「使わないから、あげるよ！」と、なんとも、あっさりとくれたというのです！

聞くところによると、そのカメラマンさんは、最近、かなり高価なカメラのセット一式を300万円で買い替えたのだと。それで、前に買ったカメラをまったく使う気になれず、会社の倉庫に眠らせたままにしていたというのです。

そのまま倉庫に置いておくだけではもったいないと、意気投合して仲良くなったY君にプレゼントしてくれたのです！

最も驚いていたのは、Y君自身でした。そして、彼は、笑い転げてもいました。

「こんなことって、あるの!?　信じられない！　あまりにもかんたんに願いが叶って笑っちゃうよ♪　お金を工面する必要もなくなって、おまけに、プロのカメラマンから無償で写真の撮り方まで教えてもらえることになったのだから！」と。

こういった、おもしろい展開が起こることこそ、まぎれもなく、あなたを通して、お金の創造的エネルギーが、クリエイティブにマネーの法則を働かせた証拠です！　起こった出来事の内容をみればわかるとおり、人智ではあらかじめ思いつきもしないような、意外すぎることなわけですからねぇ〜。

さて、次は、Rさんという女性のエピソードをお伝えしましょう！　彼女は、仏像大好きな仏教女子で、あるとき、仏像専門店で、とても美しい観音さまの仏像に出逢い、どうしてもほしいと思っていました。それは、30万円するものでした。

しかし、そのとき、Rさんは即支払えるお金を持ち合わせていませんでした。けれども、その美しさにあまりにも魅了されてしまい、あきらめられず、「絶対に迎えにくるから、待っていてね♪」と観音さまに心の中で声をかけて、「買うぞ！」と決めていたのです。

すると、ある日、ひさしぶりに友人から連絡がきたのです。「ちょっと話があるの。聞いてくれない？」と。早々に会ってみると、友人はこう言ってきたのです。

「ほら、あなた、前に〝着なくなったブランドの洋服がたくさんある〟って、言っていたでしょ？　もし、よければ、それをいくつか譲ってくれない？　実は、私、古着ショップを始めたのよ！　確か、あなたは〝着なくなった洋服はすべてクリーニングに出して、きれいに保管している〟と言っていたし。それを思い出したのよ！　もし、よければ、現金ですぐに買い取らせてもらいたいんだけれど」と。

ならばと、さっそく翌日、Rさんは自宅に友人を招き、その着なくなったブランドの洋服を見せたのです。すると、友人はそのいくつかを気に入り、「すぐにほしい！」と言い、なんと、その場で、キャッシュ40万円を手渡してくれたのです!!

思いもよらぬ意外な展開で、しかも、あまりにもスピーディーにお金がやってきて、Rさんは、大感動！　すぐにほしかった仏像を買いに行くことができたのです！

いつでも、現象化の背後のエネルギーの領域には、さまざまなうれしい恩恵が、うれしい奇跡とともに隠されているものです♪　そして、それは、あなたが何かを望み、心の中で得たつもりになったとき、すかさずやってくるのです！

Chapter 2

お金を望むままに☆金額提示の魔法

あなたの満足を形にするために、
もごもご言わず金額を、どうぞ♪

で、いくらほしいですか？

素直に言ってみて♪
神様は怒りませんし、バチも当たりませんから

お金を必要とするとき、その〝金額〟を、はっきりさせておきましょう！　それもまた、創造的であることに他なりません。

金額を決めたなら、それはゆくゆくあなたのものになります！

さて、「金額」が明確になるとき、その「金額」はあなたにとって、よりリアルなものとなります。また、お金自体にも、半端ない創造力があるわけですが、その創造力は、あなたのいい感情や感謝や満足感を餌《えさ》にしているものです♪

では、さっそく、必要なお金について、おたずねしましょう！

ほしいのは100万円ですか？　それとも1000万円？　もしかして、1億⁉
おっと、失礼、10億以上の話でしたか？
えっ⁉　「どれくらいほしいか、わからない」ですって⁉　「とにかく、たくさんあればいい」ですって⁉　そんなことでは困ります！

あなたのわからないものを、宇宙もわかるわけがないからです。

宇宙は、程度に応じて仕事をしてくれるわけですからねぇ～。わからないといわれると、宇宙もそれを与えようもありませんし、あなたも受け取りようがありません。

覚えておきたいことは、受け取れるのは、あなたが想像的になり、創造的になり、「受け取りたいし、受け取るつもりだし、受け取るし♪」とわかっているものだけ！　だということです‼

たとえば、銀行に行って、自分の「積み立て預金」をおろすのだとしても、「いくらでもいいから、出してくれ」では、窓口に「それでは困ります。この用紙に、金額をご記入ください」と言われることでしょう。

そもそも、そのお金が自分のためにすでに用意されているものであっても、そのときにいくらいるのかを、必要な場面で提示しなければ、手にすることができないのは、銀行も宇宙も、仕組みは同じです！

いつでも、あなたが、「金額」を明確にしたときから、あなたの中でその金額を創造するクリエイティブ・マネーの法則が働くことになり、現象化できるということです！

さて、「金額」が決まった時点で、宇宙はあなたのために、その金額か、それ相当の結果そのものを、あなたに差し出せるよう、必要なすべての手はずを整えます！

ちなみに、宇宙は、あなたのいう金額、または、その結果を知って初めて、その規模にみあった現象の起こし方を決めるので、本当に宇宙を動かし、楽に必要とするお金や結果を叶えたいなら、ちゃんと、金額を明確にする人でいてください。

それさえ、しっかりできたなら、驚くようなやり方とベストタイミングでそれは用意され、あなたは受け取ることになります！

紙に書く・頭に入れる・ハートに抱く

いずれかの方法を取ってください。
さもなければ、お金は来ない⁉

あなたにほしいものや、買いたいもの、行きたい場所や、したいことがあり、そのためのお金が必要だというときには、いつでも、その金額を紙に書き、自覚し、先に心で受け入れておくようにしましょう！

〝いつでも、求める金額は明確に！〟が、重要なこと。

紙に書くことなど、もう何回もしてきたし、それなりに効果も出している♪　という〝叶え慣れ〟している人は、もう書かなくてもいいでしょう。かわりに、その金額を頭の中に入れるか、ハートにそっと抱きしめておきましょう！

ちなみに、求める金額が明確でない人は、本当にそのお金を手に入れたいかどうかも明確でなく、それを手にする可能性とチャンスも薄くなるものです。

覚えておきたいことは、自分の中にインプットできた金額だけが、アウトプット、つまり、外側の現実に成果として生み出される！　ということです。

不思議なもので、ほしい金額を紙に書くと、たちまち〝神聖さ〟を帯びてきて、静かに魔法の効力を発揮しはじめます！　それを目につくところに貼り、日常的にチラチラ見ることで、フラッシュゲームのように楽にその金額を潜在意識にインプットし、創造力を刺激し、現象化を確かなものにすることができます！

また、紙に書くまでは、まったく「他人事」や「幻」のように感じていたお金が、突然、現実味を帯び、こちらにせまってきます。「いまから、あなたのもとに行くからね～♪」と、言っているかのように！

そして、やがて、それがあなたの部屋にやってくるわけです！

快感金額☆それは、一切、葛藤のないもの

恐れることなく、快適に、気持ちよく、ほしいお金を受け取るために

たとえば、あなたが紙に書いた、ほしい金額の数字が、一瞬、ピカッとまぶしく光ることがあります！　と同時に、ゾクッとして、深いところから何かよろこばしいものがこみ上げてくるのを感じることがあります。

その金額こそ、まさに、いまのあなたにぴったりな「快感金額」であり、やがて、確かに、あなたが受け取ることになるお金です！

この「快感金額」をみつける際、紙に書いた金額が、自分にとって、あまりにも大きすぎるものである場合や、逆に、小さすぎる金額を書いてしまった場合には、何も感じないし、パワーも出ないし、受け取れる気もしないものです。

憧れる金額にちょっとプラスアルファした、よろこびや高揚感やうれしい武者震いがくる金額が、ちょうど良い「快感金額」であり、あなたにその気とパワーをくれ、「憧れのリッチ・ライフ」に突入させてくれるものとなります！

さて、それがどの程度の数字であれ、「快感金額」は、たいがい、こちらに何かを語りかけてきます。それは、「うわぁ。これだ！」「ほしかったのは、この金額！」かもしれないし、「よし！」「やるぞ」「イケる♪」かもしれません。

ちなみに、もし、そういったものがやってこず、「うそっぽい」「無理だ」「ただの夢」というものだけが、あなたに語りかけてくるのだとしたら、書いた金額がバカでかすぎて、あなた自身、自分で自分をしらけさせているのかもしれません。そういう場合は、少し、金額を下げるといいでしょう。

たとえば、「年収3000万円！」と書いたとき、わくわくせず、小さくしたほうがいいのかと、「2000万円」と書いても何も感じず、「1000万円」と下げると、突然、気持ちがなえていくという場合があります。

そういうとき、書いた金額を下げたことで、目標が自分にとって小さくなりすぎたために、ドーンと気持ちが落ちて、やる気が消えた、ということかもしれません。

そういう場合は、もっと上の金額を書く必要があったということでしょう。思い切って「年収5000万円！」としたけど、まだ、わくわくしないという場合は、いっそ「年収1億円!!」としてもいいわけです。そうしたら、突如、自分の中からやる気とほとばしるエネルギーが湧いてきた！ということもあるものです。

わかっておきたいことは、あなたは、自分が書いて、よろこんで、納得して、その気になった金額を、得ることになる！ということです。

また、「月1000万円」と書いても、「よし！」「やるぞ」「イケる♪」という声が聞こえてこないけど、「月200万円!!」と下げて、書き直した場合に、「これなら、いけるかも♪」「これでいい。充分、うれしい♪」と思えるなら、それでいいのです。

要は、自分に一切の葛藤のない形で、すんなり望めるものだけが、すんなりもたらされるものであるということです！　それが、いまのあなたにやってきやすい〝快感金額〟だというわけです！

ちなみに、この〝快感金額〟は、自分のレベルが上がると、必然的に変化します！のちに、もっと大きな金額になる場合もあれば、逆にある一定の金額で満足できる場合もあります。

が、それがどんなものであれ、〝快感金額〟は、気持ちよく快適で、不足を感じません。むしろ、あなたをゾクゾクさせたり、わくわくさせたりする金額であり、そのお金を手にしたあかつきの未来の瞬間をよろこばしく迎えるものです！

より大きな「快感金額」を持てる人になるために必要なことは、ときには、大きなことを自分自身や人生に望み、そのお金と豊かさが、いつでも、何度でも、どの回路からでも、いくらでも自分にやってきてもいいのだと、「許可」することです！

それがなんであれ、あなたのところにやってくることができるのは、あなたがよろこんで望み、結果に快感を覚え、なんら抵抗なく、「許可」できるものだけだからです！

ちなみに、この「快感金額」を受け取る日が来たとき、あなたはびっくりすることになります！

というのも、その金額がそのまま来るのではなく、それよりもっと大きな金額と、幸運の複利付きで、幸せな奇跡のような出来事とともに、やってくるからです！

望むなら、大胆に、大きく、多めに！

ちょっとしか受け取れない人、いつも足りない人は、
求め方が小さい

いくらほしいのか、その「金額」を決める際の秘訣は、大胆に、大きく、多めに！が、鉄則です！

とにかく、**お金を必要としているなら、大きく望んでください！　決して、必要なお金ちょうどの金額や、ギリギリ、カツカツの金額を求めないでください。**

また、お金を必要としているときに、「まぁ、やってくるお金が1万円くらい少なくてもいいか。それくらいは、自力で何とか足せばいいだけだし」とも、考えないことです！　そんなことでは、エネルギー不足で、うまくお金を生み出せません。

小さな金額を、弱々しい声で、不安げに伝えておいて、あとになってから、「あんまりお金が入ってこない！」「思ったより少ない金額しかこなかった！」「お金がまっ

たくやってこない！」などと、愚痴をこぼすのだけは、かんべんしてください。

はなから、どれほど大きな金額を望んでも、宇宙はあなたを決して批判しませんし、バカにもしません。「そんな大金をどうするつもりだ!?」「あつかましいことを言うな！」と怒ったりもしません。

ただ、「で、いくらほしいの？」と、あなたからのオーダーを待っているだけです。それゆえ、大胆に、はっきりと、大きな額をどうぞ♪　遠慮は一切いりません。

とにかく、**大きく考えるところに、大きな結果が出るのです！**

あなたの必要とするお金が、自分が思っていた金額より多めにやってきて、使おうと思っていたことにそのお金をぜんぶ使っても、なお、大きな余剰が出て、他の何かも楽しめてしまうくらいの金額を受け取ることを、「よし！」としてください。

ちなみに、求める「金額」を決めるとき、なにも、いまの自分の給与や金銭状態を基準に決める必要はありません。

というのも、それは、過去のあなたの思考の結果なだけだからです。ここから、新たな思考で、豊かな想像を通して、大きく望み、リッチに人生を創造していけば、いいだけだからです！

稼ぐのではなく、受け取る♪

考え方がまちがっていると、
「苦しみ」が発生しますよ。ご注意ください

大きな金額を望むとき、それを、「稼がなくてはならない」と考える人が多いものです。が、実際にはそうではなく、惹き寄せる・まわらせる・やってこさせる！　だけです。

それゆえ、いちいち、しんどい感覚を抱いて、「大きなお金を望んだところで、そんな大金、私には稼げない」「どうせ、入ってくるあてもないし！」などと、〝望みつつも、しょげかえる〟ようなことを、決してしないでください。

お金を、惹き寄せる・まわらせる・やってこさせるためには、〝稼ぐ〟ではなく、「もらう」「受け取る」「プレゼントされる」「与えられる」という感覚でいることが大切で

す！　というのも、それこそが、創造的であるということであり、クリエイティブなマネーの法則を効果的に働かせ、スピーディーにお金を出現させる秘訣だからです！

実際、あなたに大きなお金がやってくるというとき、稼ぐ必要すらないこともありますし、そこには稼いだ感覚もない！　むしろ、充実した時間だった！　楽しかった！ということのほうが、多いからです。

もし、稼ごうと思って稼げるなら、まじめな日本人はみんなお金持ちになっているはずです。しかし、そうではないのは、なぜでしょうか？

それこそが、創造的であったかどうかの違いでしょう！

稼ぐのではなく、「もらう」「受け取る」「プレゼントされる」「与えられる」「押し寄せる」と考えることで、はじめて、お金は、あなたのためにあらゆる可能性をひらくことができ、どんな回路からでも、何度でも、自由に、やってくることができるのです！

さて、たとえば、年収400万円の人が朝から晩まで働いても、お金持ちになれないという現実を抱えているのに、それより大きなお金をここから稼がなくてはならないと思い、「いま以上に、働くしかない！」「辛くても、もっと、がんばらなくては！」「無理してでも、なんとかしなくては！」などとしか考えられないのだとしたら、お金持ちになる前に、倒れることでしょう。

いつでも、考え方や発想の仕方が乏しかったり、まちがったりすると、「苦しみ」が発生するものです。

しかし、ただ、「もらう」「受け取る」「プレゼントされる」「与えられる」「押し寄せる」だけだとしたら、どうでしょうか？

きっと、1億円でも、2億円でも、笑顔で、受け取れることでしょう。だから、宝くじ売り場の前にも、長蛇の列ができるわけで。

ちなみに、自分が、いまの年収400万円から、「年収500万円を稼ぐ人になろう！」とするほうが、きついものです。

それは、あなたをとりまくものがあまり変わらないだけでなく、より過酷になるだけだからです。

けれども、**望む桁をバーンと大きく引き上げて、いっそ「億万長者になる！」と、もっと豊かに、リッチな想像をしたならば、より大きな創造的エネルギーを発揮できる人になり、それにみあった大金を手にする人になれるのです！　とにかく、クリエイティブな人でいることを楽しむことです！**

難しいことは脇へ置き、ただ、シンプルによろこんで、大きなものを望むとき、あなたの放つエネルギーや、つながる人物、まわりの環境やサポート、背後の守護力もバーンと大きくなります！

そのとき、すべてが急激にレベルアップし、あなたはさらに高いステージに突入しているもので、より楽なのに、より大きなお金を、かんたんに受け取っているものです！

いつでも、大きな創造、大きなエネルギーがうごめく世界にあるのは、大きな流れだけです！　そこには、しんどいものが一切ありません。

当然、もらえるもの♪　だとする

その心的態度のおかげで、すんなり、すべてのことは報われる！

いつでも、必要なお金は、どう転んでも、どこからでも、「当然、もらえるもの♪」だという大前提でいてください！

その気になれるかどうかが、本当にお金を惹き寄せられるか、否かの、運命の分かれ目となるからです！

「そんな気持ちになれないわ」というのなら、それは大問題です！　実際、当の本人が、その気になれなくて、どうして、必要なお金を手にできましょう。

あなたの気持ちが、あなたを想像的に、創造的にさせる大元でもあるのです。自分の気持ちひとつ、ポジティブに豊かにクリエイトできずに、どうして人生を豊かにクリエイトできましょう！

そもそも、大金がやってくるというときは、ほとんどが〝自力の範疇《はんちゅう》ではない、なにかとてつもない偉大な背後の力が働いて、巨大化したお金になる！〟というのが常です。それゆえ、当の本人は、稼いだ感覚や苦しんだ覚えは、ないものです。

むしろ、よろこんで、楽しんで、〝その気になって〟動いただけです。

嘘だと思うなら、いつでも裕福な顔をしてご機嫌に笑っている隣のお金持ちに聞いてみてください。

そういう人は、「やりたいことを楽しんでやっていたら、なんだか、うまくいって、こんなに儲かってしまったんですよ♪」という具合で、お金が勝手にやってきたという感覚の中にいるものです。

もちろん、すべき仕事もしたことでしょう。しかし、よろこんで楽しんで夢中でやっていたからこそ、背後の力のご加護もよろこばしく加わったのです。

いつでも、うまくいく人は、「きっと、うまくいく！」「その結果を受け取ることになるに違いない♪」「当然、その報酬は、もらうことになる♪」と、軽く確信しているものです。

ちなみに、近所でも、会社でも、自分よりお金持ちの人をあなたは知っているでしょ？ テレビやなんかで、億万長者の有名人を見たことがあるでしょ？

そのお金持ちが、年収４００万円の自分より、しんどそうに見えますか？ 歯を食いしばって、苦しんでいるように見えますか？

とてもそうは見えないでしょう。どちらかというと、自分よりもっと楽しそうではないでしょうか。自分よりもっと余裕のある笑顔ではないでしょうか？ ねっ♪

実際、自分一代で、巨万の富を手にした人は、ただ、受け取っているだけです！

「当然、もらえる」いや、「当然、もらう!!」として、すべきことに対して、惜しみなく自分を捧げて。

苦しんで無理に何かをやっているのではなく、創造的になり、よりクリエイティブな人になり、その気になって、すべきことを楽しんでいるだけなのです！

そして、彼らは、知っています！　必死でお金を追いかければ追いかけるほど、お金は逃げるし、自分はまいってしまうだけだということを！　それゆえ、彼らは、お金を必要とするとき、お金を追いかけているのではありません。

自分の夢を追いかけているのです！　自分の好きなことや楽しいこと、興味あることを、追いかけているだけなのです！　自分のできることで、誰かや何かの役に立つことで、価値ある生き方を追いかけているということです！

ときには、自分という存在の計り知れない可能性を、魂のミッションを、追いかけているだけなのです！

お金を追いかけているのではなく、うれしい気持ちを追いかけ、希望を追いかけ、よろこんで何かをやり、結果を信頼し、その当然の対価を受け取っているだけなのです！

素晴らしい創造的エネルギーを自分の中からめいっぱい放ち、大きなパワーでまわりを感動の渦に巻き込んでいるだけなのです！

それだけで、良い仲間や関係者、重要なキーマン、いい話、すごい情報、大きなチャンスに必然的に出逢うことになり、それが仕事の場面であるならば、結果として、大きな報酬になるのは、当然のことなのです！

あてがなくとも、お金が来る⁉

どこからお金が来るのか、いまわからなくていい☆それは、なぜ⁉

たとえば、あなたが、「3か月以内に、300万円という資金が必要だ!」「年収1億円を、この1年で稼ぐ‼」などと決めたとしましょう。

しかし、そんなお金がいったいどこから来るのか、どうやって稼げばいいのか、わからないものです。そして、それでいいのです。

というのも、あなたが、いま、ここで、わかっている必要があることは、「それは叶う」という、最終結果だけでいいからです!

そして、そのとき、こう唱えてみてください。もはや、それが解決したかのような、不思議な感覚になります! 実際、私は、次のように、唱えていました。

「私は、3年以内に億万長者になります！　そう決めました！　しかし、どうすれば、億というお金を稼げるのか、いまの私には、さっぱりわかりません。そのお金が入ってきそうなあても、いまのところみあたりません。

けれども、唯一、わかっていることがあります！　それは〝絶対にそうなる♪〟ということです！　そして、結果、途方もない大きなお金を受け取ることになります。それゆえ、いま、ここで、先にお礼を申し上げます♪

神様、仏さま、守護霊さま、おおいなる宇宙さま、叶えてくださって、ありがとうございます！　うれしいです！　幸せです！　感謝です！　すべてが満たされ、大満足です！

そして、忘れてはならない大切な存在である、私を支えてくれていた私自身さん、本当にありがとうございます」

結果、2年半くらいで叶ったわけですが、そのとき、いったい何が起きて、どうなったのかというと……。

自分の中で想像力を駆使して、叶えたい未来をわくわく創造していたら、急激にアイデアや閃きがたくさん降りてきて、書いた企画が次々通り、仕事のオファーが大幅に増え、私の中にパワーがあふれ、その後、続いて、結果のラッシュがやってきたということです！

さて、前述でご紹介した私が唱えていた言葉、これ、一見、なんの変哲もなさそうな唱え方というか、ある意味、弱い感じもするような祈り方にも思えることでしょう。しかし、そこには、すごい魔法の力と効果があります！

というのも、「途中経過を思い患っていない」「一切心配していない」「不安要素がない」からです！　そして〝わからない〟という無の状態だけがあることが、いいわけです!!

多くの人は、心配し過ぎと、詮索し過ぎと、制限と限界的思考で、先にやられてしまうのですが、この唱え方、祈り方をすれば、そういう余計なものに、引っ張られることもありません。

知らないことは「知らない！」でいいし、わからないことは「わからない！」でいいのです！　それが、自分の心、潜在意識、神様、宇宙と、素直に純粋に向き合う正しい心的態度でもあるからです！

そのとき、あなたの中には何の葛藤も生まれないから、いいのです！

そして、**この唱え方・祈り方の効果的なところは、「そうなる♪」ということだけは自分がわかっているという点です！　これが、あなたの中で〝軽やかな確信〟となり、すんなり、叶える威力を発揮するのです！**

実際、途中経過や叶う道筋をすべて、あなたが知っておく必要はありません。それは、いまのあなたが思いもよらぬルートと方法で叶うことになるからです！

さて、このように、楽観的に、唱え、祈ると、心はおだやかで、安堵がわきあがります。とにかく、わからないことは、すべて、天におまかせしていれば、いいのです！

というのも、「結果」を持ってくるのはあちらの仕事で、こちらの仕事は、天が結果を持ってきやすいように、創造的エネルギーを発揮するだけでいいからです！

あとは、日常の中で、仕事やお金や遊びなど、自分がかかわるすべてに、想像的になり、創造的でいることで、よろこばしく、楽しく、やりたいことをやっていればいいのです♪

すると、ほどなくして、うれしい展開とありがたい流れと、不思議な導きで、結果にたどり着くことになります！

ビジネスチャンスをGetする♪

いまのあなたに何もないなら、なおのこと、アイデア・閃きをつかめ！

稼ぐことを考えて苦しむ暇があるなら、自分が、どんな夢、どんな楽しいこと、どんな有意義なことをしたいのか。また、それを人さまや社会から求めてもらえるにはどうすればいいのか。それこそを、わくわく、想像し、創造的でいることです！

そうすれば、お金の創造的エネルギーにつながれて、必要なお金や、その他なんでも、善《よ》きものと、つながれます！

ここで、ひとつエピソードをご紹介しましょう。それはまだ、私が作家になる前の、フリーライターをしていた時代のことです。

当時、フリーで仕事をしていた私の収入はとても不安定でした。あるとき、なんとか新たな仕事と大きなお金を得たいとしていたのです。

そして、ない智慧を絞り、そのために何をすればいいのかと、アイデアを出すべく、想像力を働かせ、創造的になっていたとき、ふと、こんな心の声が聞こえたのです。「新聞を見ろ！」と。その声に素直に従うと、そこには、「コピーライター募集」と、ある広告代理店の求人広告が掲載されていたのです！

それを見た瞬間、こう閃いたのです。「そこに、自分のつくったコピー作品をすぐに見せに行け！」と。

その圧倒的な衝動にかられ、さっそく作品をと、そのとき巷《ちまた》で売れていた人気商品や、好きなテレビコマーシャルを〝私なら、こう書く！〟と、自分らしい個性的な表現にしてみたのです。つくったコピーは１００本！　もちろん、誰に頼まれたわけでもなく、勝手にそうしただけです。

そうした理由は、「閃き」こそが、創造的エネルギーが結果へ連れていくために、**私に応答してきたサインだと、わかっていたからです！**

書き終えた私は、大満足♪　それだけで、なぜか、とても、ホッとしたものです。
そして、そのまま、その広告代理店に電話をすると、物腰やわらかな男性が電話に出ました。私が、見てほしい作品があることを話すと、彼は、こう言ったのです。
「君、コピーライターになりたいの？　なら、その作品を一度見せてほしい。今日ね、僕は珍しく、たまたま事務所にいるんだよ。言っておくけど、こんなこと、本当に珍しいよ。僕はここの代表なんだけど、いつもは別のところにある本社にいるんだからね（笑）」

それを聞いた私は、これがチャンスでなくて、なんなのか‼　と、電話のあと、すぐにコピーを持参。すると、それを見た代表（つまり、社長）は、「へぇ〜、独特の表現をするんだねぇ〜。君、おもしろそうだから、明日から、うちへ来る？　仕事なら、たくさんあるから」と言ってくれたのです！

さっそく翌日から、その会社に行くことになり、そこでもらった仕事は、某ブランドの宣伝コピー、人気ファッション雑誌の企画・編集・コピー、憧れのラジオコマーシャル、著名人のインタビュー取材と原稿執筆などなど!! ただ、ただ、もう、趣味のように楽しいことばかり♪

思いもよらない幸運の流れと展開で現われた結果は、とんでもなく大きな報酬を運んできてくれたのです！

さて、**創造的でいるとは、クリエイティブな人でいるということですが、それはなにも、何かの専門職につくということではありません。とりもなおさず、それは、素直で、ピュアで、柔軟で、自分の関心を向けたことに対して、おもしろがって創意工夫する人でいることです！**

自分の中にある、どんなささいなものにも価値を感じ、すべて拾いあげ、生かしきり、惜しみなく外側に差し出すことです。そして、それを率先してやろうと、キラキラ輝いて生きる人でいることです！

それが、無から有にするしくみ、つまり、何も「ない」ところから、「ある」という状態にする、秘密だったのです！


あなたも、創造的でいるというときには、いつも、こう考えてください。

「どこかに、おもしろくて、ハッピーなことは落ちていないだろうか」

「新聞や雑誌やインターネットに、いいヒントはないだろうか」

「いますぐ、このままの私で、やれることは何だろう」

「自分の閃きやアイデアをどんな形にすればいいだろう」

「自分の持っている宝物を、どこに持っていき、誰に差し出せばいいだろうか」

「私のできることで、人さまや会社や社会に役立つことは何だろう」

「自分の何を活かせば、幸せに対価をいただくことが可能だろうか」と！

また、

「どこからでも、お金や望む結果を受け取れるとしたら、どこに、どういうものに、可能性がありそうだろうか」

「自分が動いてみることで、何か起こりそうな、いい予感のすることは、どんなことだろうか」
「電話したり、会ったりしたときに、なにかいい言葉やアドバイスをくれそうな人、元気をくれる人は、誰だろうか」と！

そういったことを、あれこれ考え尽くすだけ考え尽くしたあと、〝もう、万策尽きた！〟というところまで、そのことに向き合ったら、あとは、そこから離れて、ボーッとくつろいで、リラックスしてください。その一瞬が、とても重要!!

というのも、**創造の神であり、お金を生み出す神、結果を与えてくれるあなたの中の宇宙である潜在意識から、応答がくるのは、まさに、このときだからです！　そう、あなたを助ける、価値ある閃きは、あなたがリラックスし、ボーッとゆるんだとき、突然、現われるからです！**

ちなみに、その閃きは、とてもシンプルな内容です！
ただ、何かを紙に書きつけるとか、誰かに電話をするとか、どこかに出かけるとか、人に会いにいくとか、そんな程度のことです。

たまに、突拍子もないことを言いだすかもしれませんが、そのとき、あなたがとらなくてはならないアクションは、実にかんたんなもので済むようにしてくれます。

ご購読ありがとうございました。今後の出版企画の参考に致したいと存じますので、ぜひご意見をお聞かせください。

書籍名

お買い求めの動機

1　書店で見て　　2　新聞広告（紙名　　　　　　　　　）

3　書評・新刊紹介（掲載紙名　　　　　　　　　）

4　知人・同僚のすすめ　　5　上司、先生のすすめ　　6　その他

本書の装幀（カバー），デザインなどに関するご感想

1　洒落ていた　　2　めだっていた　　3　タイトルがよい

4　まあまあ　　5　よくない　　6　その他(　　　　　　　　　)

本書の定価についてご意見をお聞かせください

1　高い　　2　安い　　3　手ごろ　　4　その他(　　　　　　　　　)

本書についてご意見をお聞かせください

どんな出版をご希望ですか（著者、テーマなど）

郵便はがき

料金受取人払郵便

牛込局承認

9410

差出有効期間
2021年10月
31日まで
切手はいりません

1 6 2-8 7 9 0

107

東京都新宿区矢来町114番地
神楽坂高橋ビル5F

株式会社ビジネス社

愛読者係 行

ご住所 〒 TEL: ( ) FAX: ( )		
フリガナ お名前	年齢	性別 男・女
ご職業	メールアドレスまたはFAX メールまたはFAXによる新刊案内をご希望の方は、ご記入下さい。	
お買い上げ日・書店名 年 月 日	市区 町村	書店

Chapter 3

お金を出現させる☆クリエイティブ・マネーの法則

あなたの中の神的作用☆
お金という創造的エネルギーの換金の仕方

一瞬、一瞬、楽しいことをする

ただ、あなたの中のエネルギーを心地よく、拡大させるだけでいい

お金を、できるだけ早く、確実に、惹き寄せたいというのなら、そのもとになる創造的エネルギーを不足させないようにしてください。

エネルギーが不足すると、お金を生み出す力も、不足するからです。

創造的エネルギーを充分に持ち、つねにあなたの中でキープする、最も良い方法は、〝一瞬、一瞬、楽しいことをする〟ことです！

とにかく、日常的に、率先して、楽しいことや、好きなこと、うれしいことをしてください。

それは、お金を手に入れることと、まったく関係ないことでも、いいのです！

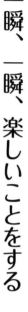

楽しいこと、好きなこと、うれしいことの中にいるとき、あなたは、無条件にエネルギーを生み出せ、良質化・拡大化・濃縮化させせられるからです。

そのとき、お金を惹き寄せるスピードも、無条件に、加速します！

さて、ひまな時間があるからといって、決して、お金の心配に費やしたり、明日の生活ばかりをあれこれ思い患ったりしないでくださいよ。そういう状況は、まちがいなく、創造的エネルギーをすり減らし、欠乏させるものだからです。

お金があろうがなかろうが、あなたの心や日常は、思い切りハッピーでいいわけです！　お金がないとハッピーになれないというのは、お金のせいではなく、あなたの物の考え方の影響が大きいのかもしれません。

いちいち、金欠状態と道連れになって、どんより暗い方向に行かないでください。

ちなみに、**お金は、心配・不安・恐れのあるところからは離れ、安心・安堵・リラックスのある人のところにやってくるものです！**

さて、いつでも、ほしいものを手に入れるには、先に支払うべきそれ相当の「対価」が必要となるものです。この世に、ただで手に入るものなど何もありません。

たとえば、洋服がほしいなら、洋服代を先に支払うでしょう。それと同じように、「お金」がほしいというときにも、あなたには支払うべき対価が必要なのです！

その、先に支払うべき対価こそ、あなたの創造的エネルギーなわけです！

お金のために、いまの自分にやれることも、できる仕事も、入金のあても、起こせるアクションも、素敵なチャンスも、ない!! というのなら、なおのこと、あなたのエネルギーだけが、あなたの支払える対価となるものであり、資本であり、財産となります！

その対価は、楽しいこと、好きなこと、うれしいことの中にいるとき、得やすいからこそ、大きなお金をほしいという前に、それを自分の中に蓄えていてほしいのです！

やはり！ 好きなことをして、お金をいただく♪

いま、あなたが持っている〝良きもの〟は、こうして現金化しなさい

お金が必要だというのなら、いますぐ、好きなこと、得意とすること、自分がよろこんでやれること、前からやりたかったことを、リストアップしてください。

それをどのようにすれば、人さまや社会に役立てられそうか想像し、どういう形にすると良さそうか創造し、自分の提供物として、クリエイトしてください。それに値段をつけ、惜しみなく提供するのです！

そこまでの準備ができたら、「自分には、こういうことができます！」と、そのアイデアや商品やサービスを、まわりにお知らせするのです。自分で誰かに言うのでもいいし、チラシでも、携帯でも、インターネットでもいいでしょう。気になる効果的

手段があるなら何でも使ってみてください。

そうすれば、たちまち、仕事やチャンスがやってきて、その対価としての報酬を受け取ることになるでしょう！

たとえば、あなたが文章を書くことが好きならば書くことを、絵を描くのが得意なら絵を描くことを、ハーブのことは知り尽くしているというのならハーブにまつわることを生かしきるのです！　カード占いが趣味で、それは本当によく当たるの！　というのなら、ぜひ、それを！

とにかく、あなたの提供可能なアイデアやプランや、時間や、労力や、サービスを、すべて換金できるものにするのです！

やれることがあるのに、やらないのは、宝の持ち腐れです！　そういうのを、「もったいない」「損な生き方」というのです。

ある主婦は、独身時代よく弾いていたピアノを、結婚後、まったく弾くこともなくなり、いつしか、バスタオル置き場のようになっていました。

しかし、あるとき、お金が必要な事情ができ、なんとかしたいと思っていました。けれども、どうしても外に勤めに出るのは、いやだと。

そのとき、「自分にできることは、これしかない！」と、何年かぶりに好きなピアノをさわることにしたのです。

そして、自宅で「ピアノの個人レッスン」を始めようと生徒を募集したのです。すると、近所の子どもたちが、何人も集まってきたのです！

昔、好きで弾いていたピアノが、お金のピンチを助けてくれるとは、夢にも思いませんでした。

このことがあったおかげで、彼女は、「月謝」という〝継続的に手に入るお金〟を得ることになっただけでなく、自分の夢とやる気と生き甲斐も手に入れることになったのです♪

いつでも、**自分の気持ちと創造力ひとつで、好きなこと、やれること、提供できる**

ことが、仕事になっていく流れに入り、〝お金になる運命〟に入っていきます！

そして、どんな人も、好きなことを、仕事にできます！

ただ、ひとつ、わかっておきたいことは、好きなことをしてお金をもらうためには、なによりもそれが好きで、好きなだけでなく自分がそれをある程度うまくやれる力量を持っており、他者に提供できるある程度のレベルになっていることも大切だということです。

しかし、それは、難しいことではないでしょう。

というのも、人は、好きなことには興味と欲求があるからです！　好奇心や、もっと学びたい！　もっと上達したい！　という、素直な気持ちがあり、よろこんで創意工夫し、さらに良いものにブラッシュアップするやり甲斐も感じられるものだからです！

いやでもお金がなだれ込む☆ミラクルビジネス

あなたの「好き」を仕事にして、潤い続ける4つの条件は、これ♪

たとえば、好きなことが仕事になれば、無理なく、豊かに潤うことは、よりかんたんになります。それは、好きなことは楽しいので、渋々する仕事や、興味のない仕事や、自分でなくても他の人でもできるどっちでもいいと思う仕事などより、もっとあなたを夢中にさせ、よろこばせ、内側からエネルギーを高めてくれるものとなるからです。

いつでも、あなたの内なるエネルギーが良質で、より高まったものになるほど、より大きなお金を惹き寄せる創造的エネルギーになるのです！

覚えておきたいことは、一見、人は、なにかしらの才能や特技や技術や実力や経験

によってお金を得ているようにみえて、実は、「エネルギー」によって得ているということです！

あなたも、自分のエネルギーを高め、創造的になるために、好きなことをして、もっと豊かな人生に入ってもいいのです！　その際、それを成功させるために、次の4つの条件をわかっておくといいでしょう。

まず、1つめは、あなたのしたい仕事が、「自分の好きなことであり、いまの自分のままでスッとやれることであり、どちらかというとやりたいこと」であることです。

ちなみに、好きなことだけれど、あまりうまくやれないというのは致命的です。

せめて、「これなら、大丈夫！」と自分が思えるところまでは、上達させておきましょう。好きなだけで、「できない」「したことない」のでは、話にならないからです。

そして、あなたのできる好きなことで、いますぐ誰かに何かを依頼されても、それを軽くふつうにできる♪　というレベルでいるというのなら、どんどんまわりに、自分を売り込みましょう！　すべては、オファーのためです！

あなたにお金をくれるエネルギーが働いたとしても、実際にお金という現物を運んでくるのは、あなたとつながった「人」だからこそ、〝私にはこういうことができます！〟と売り込み、まわりに自分の存在を知ってもらうことは大切なのです。

2つめは、その好きで、かつ、いまの自分のままでやれること、やりたいことの「スキルを磨く」ということです。

あなたに好きなことがあり、やれるし、やりたいのだとしても、それと同じものをもっと好きで、もっとうまくやれる人は、世間にはたくさんいるもので、そのことで、あなたより先に活動し、すでに大きなお金を得ている人もいるものです。

そのとき、あなたのスキルが他の人に比べておそまつすぎると、問題外となり、そうなれば、チャンスもお金も他の人のところに行ってしまうかもしれません。

好きなことを仕事として成立させ、より大きなお金を継続的にもらいたいというのなら、スキルを磨くこと、高めることは、とても重要です！

また、この人生を、好きなことと共に生きるためには、それを誰よりも愛し、惜しみなくやれる人でいる必要があります。「これでいい」ではなく、まだまだ成長していくぞ！　という、心構えも持っておきましょう！

3つめは、それを「惜しみなく提供する」ということです！

あなたの好きなことで、やれることで、スキルの高いそれを、「是非、うちに提供してください！」「あなたに、お願いしたい！」という依頼がきたら、可能な限り、受け入れ、どんどん拡大しましょう！　そして、その仕事を惜しみなくやりましょう！

ちなみに、**拡大しようとするとき、エネルギーが勝手にそうしてくれるので、あなたが何かを〝もっと！　もっと！〟と、欲張る必要はありません。**

より多くを得ようとして、故意に何かを渋々やったり、何かを出し惜しみしたり、もっと多くをと厳しい条件を要求しすぎるとき、かえって、得るものが少なくなります。

お金に欲を出して、何かを故意にコントロールしようとするとき、むしろ失敗し、あとがなくなるものです。そのとき、貧しいエネルギーが入るからです。

好きなことでお金をもらうというとき、それが仕事になるには、より多くの人から、依頼をもらわないと始まらないわけですが、そこには豊かなエネルギーが必要不可欠です！

あなたの豊かなあり方に、かかわる人たちが感動するとき、素晴らしいオファーは続き、より大きなお金を与えられる人となるのです！

そして、４つめは、「感謝する」ということです！

何に感謝するのかというと、自分自身や自分をとりまくすべてに、です！

たとえば、好きなことを自分の中に見出した自分に感謝し、それを必要としてくれる人に感謝することです。

また、自分のエネルギーが自分の知らない水面下や背後で働いてくれるからこそ、何かが形になって返ってくるし、その循環が起こるのだという、宇宙のしくみに、感謝するのです。これ以外にも、感謝すべきことは、たくさんあることでしょう。


感謝するとき、物事は、良くない状態から、より良い状態へと、スピードをあげて好転していきます！


また、感謝こそが、自分自身のすべてに満足し、宇宙に敬意を示すものであり、申しぶんのない状態であるのを自覚させてくれ、ありがたみと豊かさのエネルギーを放つものです。

それゆえ、あなたが感謝するとき、それまでよりも、もっと早く、もっと大きく、必要なお金や望んだ結果がやってくるのです！

さて、４つの条件がそろうとき、あなたは、単に、好きなことをしているというより、「ミラクルビジネス」をしていることになります。それは、良質の〝弾むような創造的エネルギー〟がくれるもので、そのとき、人生は、仕事といわず、全体を、より高く、より豊かに、引き上げていきます！

そして、あなたは、毎日が楽しくて、充実しており、幸せいっぱいでいるものです。あなたはめいっぱい自分を活かせており、そこには、豊かさあふれる気持ちのよいエネルギーと状態しか、ないからです！

眠っていた宝物に出逢う

どんな仕事にも、あなたの中に隠されていた
〝いいもの〟が役立つ！

創造的でいることは、どんな職種の人たちにも、大切なことです！

たとえば、それは、作家やデザイナーやプランナーのような職業の人に限った話ではありません。あなたが事務員であっても、看護師であっても、美容部員であっても、同じことです！

創造的であろうとするとき、自分の中に眠っていた宝物が掘り起こされ、これまでお目にかかったこともないような素晴らしい価値あるアイデアや、才能が、目を覚まします。

また、創造的でいるとき、あなたは自分の個性を光らせ、楽に本領発揮できます！
また、他者と何かを比べたり、競ったり、争ったりする必要もなくなります。
他者の持っている善きものを、盗んだり、傷つけたりする必要もなくなります。
個性、オリジナリティ、自分自身そのものを、大切で価値あるものだと気づき、別格の存在でいられるからです！

そして、オリジナリティあふれる世界を築くことに成功し、唯一不二の存在として、圧倒的パワーをもって、自分のポジションに立っていられます！　誰もが憧れる光り輝く存在にもなるわけです！

そのとき、あなたの住む世界には、お金といわず、富といわず、幸せな形をした素晴らしいものたちが、次々と押し寄せて来るようになります！

それは、あなたがクリエイティブになり、創造的エネルギーをめいっぱい放つ人になったからです！

逆にいうと、創造的でいようとしない人に、創造主である神のパワーは働きません。エネルギーは、嘘をつかないからこそ、自分が創造的でなかったせいで、結果が出なかったとしたら、何も文句は言えません。

さて、**創造的になって、どんな宝物が隠されているのだろうかと自分の中を探るとき、覚えておきたいことは〝どんなささいなものも、見逃さない！〟ことです。**

「この程度の小さなことが、自分の価値になるのか？」などと、自分の中にあるものを過小評価したり、バカにしたりしないでください。

それは、みいだしたとき、とても小さなもの、ささやかなものであったとしても、あなたが「これだ！」と見つけ、育むことで、ものになるものだからです！

ちなみに私の場合、作家デビューしたのは、42歳のときでした。小さい頃から書くことは好きでしたが、「文章を書くのが好き」ということが、まさか、自分を生かすものとなり、仕事になるとは、夢にも思っていませんでした。それゆえ、その年になるまで、その宝物の価値に気づけず、その世界の門をたたくこともなかったのです。

もっと早くに気づき、手厚く世話をしていたならば、きっと、もっと早く、いまの幸せを叶えられたのかもしれません。

さて、幸せと豊かさが叶うのを遅らせているのは、意地悪な神様でも、悪い運命でもありません。自分の中にある宝物を過小評価する自分自身であり、すごい未来を想像することも、創造することもなかった自分自身です。しかし、ここから創造的でいるならば、誰でも、いくらでも、望む未来を叶えることができるのです！

オリジナルを世に出し、勝利する♪

豊かな感性・独創的な発想が、あなたをみるみる豊かな人にする！

あなたの中にある善きものはなんでも、生命を持っていて、いつでも、あなたの中で育まれたがっていて、外に出たがっていて、自らの価値で動きたがっています！
誰もが自分自身の中にだけある〝秘密の宝物〟にもっとフォーカスし、愛するなら、成功しやすく、豊かになりやすいものです！

しかも、それらは、本来、最初から、世に出るべき創造的なパワーを内包しており、あなたよりも、成就のしかたをよく知っています！

それらを、**自分の中から、世に出すというとき、最も大事にしたいことは、あなたらしくあること・個性的であること・オリジナルであること、です！**

たとえば、この世の中は、創造的人々の集まる社会として成り立っています。クリエイティブなビジネスによって、ウケたものが人気を集め、人を集め、お金を集めているわけです！

そんな世の中は、まさに、大量の札束が行き交う大きなお金の川が流れている世界！　そこには、売れているものがたくさんあります。求められているものがたくさんあります。多くの人たちから支持されている魅力的なものがたくさんあります。

また、「こんなものがあったらいいのに」という人々の新たな欲求や、より良く、便利なものをつくってほしい！　という、多くのニーズがあります！

つまり、想像的に、創造的になれば、誰もが、新たなビジネスに参入でき、巨万の富を手にすることができる、そんなチャンスと可能性がたくさん用意されているわけです！　そして、あなたも、いまから、そこに入っていけるのです！

経済的成功の鍵こそ、創造的でいることです！　お金が創造的エネルギーである限り、そこをわかっていなくては、何も換金されません。

さて、「売れているもの」をみると、無条件に飛びつきたくなる人や、他者が成功したものを奪いたいと思う人もいるものです。が、誰も、あわてて何かをしたり、他者の権利を奪ったりしなくても、自分のアイデアと閃きを創造的に育むことによって、自分だけのオリジナルの豊かさ、自分が叶えて然るべき富を叶えることができます！

そもそも神様は、誰も何も他者のものを奪わなくてもいいようにと、最初から、あなたの中に、創造的パワーをセットしています。

そして、そもそも、創造的エネルギーとは、神様のことであり、それこそがあなたの運命をつくる創造主であり、愛と豊かさの象徴です！

それはいつも、「自らの内から想像し、創造し、行動しなさい」と伝えており、そうすればあなたの成功は確実になるのだと教えてくれています！

しかし、多くの人は、まさか、自分の中に、偉大なものや宝物、価値あるものが、潜んでいるとは知りません。

それゆえ、自分の内側を探るよりも、誰が何をしているのかと、外側にばかり目を光らせて、あわよくば、それを自分のものにし、一攫千金《いっかくせんきん》を狙いたい！　などと、誰かの良きものを横取りしたり、盗むことばかり考えがちになるものです。

しかし、あなたのほうが、他人より、本当はもっと素晴らしい良いもの、価値あるもの、質の高いもの、可能性の大きいものを持っているとしたらどうでしょうか？　他でもない、あなた自身の宝物が、表の世界に出たがっており、あなたに富を運びたがっているとしたら、どうでしょうか？

他人のものになど、目を向ける気もしないし、そんなものに何の価値も感動も、感じなくなることでしょう。

「お金は〝自分の中からあふれ出る創造的エネルギーの結晶〟だ」と、真にわかっている人だけが、他人の権利を奪うことなく、他者の良いものを盗むことなく、自分の内側から、自分らしい宝物を生み出し、幸せと豊かさあふれる世界観を築けるようになっているのです！

そして、その正解度の高さが、報酬の大きさになるだけなのです！

閃《ひらめ》きとアイデアに乗っかる

宇宙はつねに正しいタイミングで
あなたにプレゼントを届けてくれる

あなたがお金を必要としているとき、なにかしら、「こうしてはどうか」「これをやっておきたい」「あの人にあのことを話したい」などというような、インスピレーションが突如湧いたり、閃きやアイデアがやってきたなら、素早くそれに乗っかってみてください。

インスピレーションや閃きやアイデアがやってくるというのは〝いま自分がやっていることは、正しく目的に結びついている！〟ということだからです！

やってきたら、躊躇《ちゅうちょ》せずに、素早く料理する！　ことです。あなたの中でそれが新鮮さを増しているうちに！　すると、インスピレーションや閃きやアイデアが次のチャンスを連れて来るスピードも速くなります！

そして、どんどん、肝心なことへと向かって行く流れになり、最終的に、必要なお金か、そのお金を手にしたら買いたいと思っていたもの、しようとしていたこと、なりたい状態が、結果そのものとして、やってきます！

ちなみに、お金に縁のある人は、なんでもスピード対応するものです！　逆に、お金に縁のない人は、なんでも遅く、スピードに欠けるものです。

スピードがあるというのは、そこにあるエネルギーが高いということであり、勢いがあるということです！　逆に、スピードがないというのは、エネルギーが低く、勢いが弱いということです。

これはとても重要なことです！　というのも、スピードと勢いが、その人の「パワー」になるからです！

そして、パワーは、お金の象徴でもあり、パワーが大きい人ほど、巨万の富を叶えやすいわけです！　まさに、クリエイティブなパワーが大きいということ！

とにかく、いつもはそんなものはやってこないのに、なぜか突然、インスピレーションや、閃きや、アイデアがふってきた！　というのなら、素早く、取り扱ってください。閃きやアイデアは、新鮮なサラダと同じ〝生もの〟なだけに、時間の経過を嫌うからです！

あなたは、新鮮なサラダはその日のうちに食べるでしょう？　何日かおいておき、その気になってから食べようとは、思わないはずです。

そんなことをしたら、新鮮さも感動もなくなるからです。なんなら、腐ってしまい、捨てるしかなくなり、無駄になってしまうのですからねぇ。

インスピレーションや、アイデアや、閃きも、然り！　です。

なにかに、ピンッ♪　ときたら、そのとき、その場で、料理して、味付けして、形にしていってください。

決して、「それに向き合うのは、あとでもいいか」「ひまなときにしよう」「このことは、来週でいいや」などと、あとまわしにしないでください。

また、「こんなアイデアが浮かんだけれど、どうせ誰にも認められないだろう」「自分の胸にしまっておこう」「こんな閃き、たいしたことないのかもしれない。他人に話して、笑われるのもいやだから、発表するのはやめよう」などと言って、それを過小評価したり、消し去ろうとしたりしないでください。

覚えておきたいことは、インスピレーションや閃きやアイデアは、あなたと宇宙がエネルギーの領域でしっかりつながった証拠であるということです！
最も正しいタイミングで、宇宙があなたを目的地へ連れて行くためにプレゼントしている「奇跡の贈り物」だということです！

それは、〝そのタイミングでもたらされた〟ことに深い意味があり、それにいますぐ対応することに大きな価値があるのです！

もし、それが浮かんだときにちゃんと取り扱わなかったら、すっかり忘れてしまって、思い出そうとしても思い出せないものです。そうなると、すでに、〝時遅し〟。つかめたはずのチャンスも、消えてしまっていることでしょう。しかも、素晴らしい閃きや良いアイデアには、二度とお目にかかれないものです。

宇宙は最善のタイミングをはかって、あなたに必要なものを送り込み、流れを起こさせる存在であるからこそ、やってきた閃きやアイデアが〝そのとき〟であった意味を、ちゃんと感じとれる人でいてほしいものです。

スピーディーに叶える☆魔法のやり方

むしろ、お金の工面は必要ない!?
どの方向からでも叶うからです♪

お金を必要としているときには、いつでも、そのお金を使って何をしようとしているのか、それが叶ったらどうなるのか、そこにはどんな自分がいて、どんな世界が待っているのか、それを前もって想像しきることが大切です。

お金のニーズや、それを叶える目的、自分が意図するものがあってこそ、エネルギーはその方向にベクトルを向けて、無駄なく働くことができ、それを未来に創造することができるからです！

さて、知人の医師H氏は、このたび、大手医療機関、不動産関係者、大富豪の投資家とつながったことで、念願だった医と美と健康をトータルに叶える事業のトップオーナーとして、新ビジネスを興《おこ》すことになりました！

H氏のもとには、巨額の投資資金、素晴らしい人材、申しぶんのないロケーションと物件が惹き寄せられ、結局、自分では一銭もお金を用意する必要もなく、理想の世界を叶えることとなったのです。

しかも、夢みた日から、半年も経たないうちに！

H氏は、その夢について、あれこれと想像するだけで、わくわくし、夜も眠れないほどで、「叶うと、きっと、すごいことになるぞ！」と、高揚感でいっぱいでした。その素晴らしい気分は、いやでも彼の創造性を刺激するものとなったのです。

あるとき、H氏は、自分のクリニックでいつものように診察していると、ある患者が、ひさしぶりに診察にきたのです。

「疲れがなかなかとれないので、注射をしてほしい」と。そして、さっそくとりかかると、H氏の心の中に、ふと、こんな声が聞こえたといいます。

「あのことを、いま、この人に話せ♪」と。そして、そのインスピレーションに素直に乗り、自分の夢のアイデアをチラッと話してみたのです。

「実は、僕、この歳で、まだ叶えたいことがありましてね。その夢は……」と。注射の間の、ささやかな、世間話のつもりで。

H氏が言うには、もちろん、いつもは、そんなことはないのだと。診察中に患者さんに、関係のない自分の夢について語るなんてことは、これまで1回もなかったのだと。そう、いくら、気心の知れた患者さんだとしても。

しかし、なぜか不思議とそのときは、話したい気持ちになり、ふと、衝動的に口から言葉が出たのだといいます。

すると、注射を終えて、シャツのソデを元に戻したその患者さんは、こう言ったのです。

「先生、いまの話、なかなかおもしろいですね。その話、実に、興味深い。なんなら、僕、何かお役に立てるかもしれません(笑)。よかったら、明日、食事でもしませんか？詳しく聞かせてほしいなぁ」と。

後日、2人で食事をするために約束した料亭に行くと、そこで彼はこう言ってくれたのだといいます。

「いや、実は、僕も同じようなことを考えていたんですよ。けれども、なにぶん、僕は医者でもなければ、アイデアも乏しくて。僕にあるのは資金と人脈だけです。

先生には素晴らしいアイデアと夢の計画が具体的にしっかりとおありだ。

もし、よろしければ、それを一緒に叶えさせてもらえませんか？　僕も、ちょうど新しいビジネスを、なにか、こう、世の中に役立つ大きなことを、やりたいと思っていたところでしたので」と!!

そこから、彼と頻繁に会うようになり、ある一等地のビルの1フロアでそれをやろうという話をすすめていたのです。資金は、その方がすべて出すということで。

H氏は、それをよろこんで私にも伝えてくれていました。ところが、ビルの規定条件の意外な理由で、その話が白紙になってしまったのです。

残念がったH氏は私のところに電話をかけてきて、こう言ったのです。「奈未さん、忙しいところ、申し訳ないですが、相談に乗ってほしいんです。実は、ちらっとお伝えしていた、あの件、壊れてしまって……どうしてですかね……僕としては、叶えたいんですがね。もう一度、ビルの関係者に相談に行ったほうがいいでしょうか?」と。

そう相談されたので、さっそく「チャネリング」で霊視・霊聴してみました。そして、「そのビルの関係者は、もうさわらないほうがいいです。交渉する必要はありません。その話は壊れたままにしておいてください。壊れることには意味があるからです。

しかも、先生、壊れるというときは、たいがい、もっといいものがやってきますから、その新しい運気を邪魔しないようにしてください。

もし、話が壊れているのを無理にごり押しして成立させようとすると、魔が入りますから、一切そういうことはやめてくださいね。

そして、ちょっと待ってみてください。また、その投資家の患者さんにも、残念そうな顔をみせないでください。相手も申し訳ないと思っていますので、まったく大丈夫だと、彼の親切な心をくんでください。

そうしたら、このあと、もっと大きな、何か良い話がやってきて、すごい展開になるはずですから！　まったく別の人たちが加わって、スケールの大きな、もっとよろこばしい新たな展開になるのが視えます！

ですから、その投資家の方に感謝して、恥をかかせないようにして、とにかく、大切にしてください」と、お答えしたのです。

するとH氏は、「わかりました。そうします。ありがとう」と。

そして、その後、どうなったのかと気になっていたら、7日後に、こう連絡してきたのです！「奈未さん、聞いてください。びっくりしますよ！」

聞くところによると、H氏は、数千人規模の人財を有する企業のトップにも立つこととなり、あわせて、某人気ホテルの重要メンバーとなり、それによって、新規の医と美と健康事業を興すことになったというのです！　結局、自分のすべてのアイデアと構想の含まれた夢を、H氏は、自分にとってのふつうの日常の流れの中で、金銭努力不要で、実現することになったわけです！

しかも、当初、やろうとしていた構想より、大きな形で‼

そして、その証拠にと、その関係者全員で会食している写真を、私のラインに送ってきたのです。それを見て、とてもハッピーな気分になりました。大きなことが新たに決定して、本当に良かったと。

いつでも創造力が高まると、お金や豊かさはスピードに乗ってやってきます！

そのきっかけは、いつも、自分の中のふとした閃き、いい衝動であり、それに素直に乗り、目の前にあるかんたんで可能なことを即やり、早いところで会うべき人に会い、物事に敏感に対応するとき、加速した〝幸運の流れ〟が起こり、すべてがパーフェクトな形になるのです！

気持ちよく、早くやる♪

やってきた流れに乗りなさい☆
ぐずぐずするのは、運にとって大敵！

お金は創造的エネルギーであるがゆえに、創造的でいるとき、つまり、あなたがクリエイティブな人でいるとき、より早く、応える性質を持っています！

それゆえ、目の前でひとつの出来事が起こり、人生にキーマンが登場して、ある種の運がやってきたのを感じ取ったならば、素早くその流れに乗っていく人でいることです！

幸運もお金も、スピードに乗ってやってくるからです！

このことについては、前項の話でたとえると、わかりやすいかもしれません。

たとえば、H氏のところに久しぶりにやってきた患者さんが、「よかったら、明日、食事でもしませんか？」と言ってきたときに、「えっ⁉ そんな、急な」「明日って、突然過ぎるだろう」という感覚でいるのではなく、「いいですよ」「ぜひ♪」と言えるくらい〝素早い、軽やかなノリ〟を身につけておいてほしいということです！

たとえば、相手に、「明日」と言われたとき、あなたにはすでに先約が入っていたとしても、「ああ、明日ですか……いやぁ、残念だなぁ、明日は無理です」とシャットアウトしたり、悠長に「来月あたりに」と先延ばしにしたり、「では、また、いつか」などとぼやかしたりしてはいけないということです。

そんなことをするのは、やってきかけた幸運やお金や奇跡を、自分から蹴散らしているようなものです。なんとも、愛想もくそもない、対応力もスピードもない、創造性に欠けるやり方なわけです。

明日が無理なら、「あいにく、明日は先約があるのですが、あさってはいかがでしょう？ なんなら、今夜でもいいですよ」と言えるくらい、相手や、目の前の展開と流れに、興味とよろこびを示すことが大切です！

素早く、その場で、さっそく〝早いところで！〟と、早々に日程を約束したからこそ、そのスピード対応に、幸運もお金も奇跡も、約束されたものとなったわけですから！

スピーディーに対応するとは、なにも、あわてたり、あせったり、無理に急いだり、自分のお尻を叩いてせかすことでもありません。

〝すんなり動く〟という感じです。ゆったり余裕でかまえているのに、そつなく、軽やかに、自分のタイミングの中の最も楽で最善のスピードを通して、動くということです。また、あなたの気持ちとそこにある状況の中で、機嫌よく、ナチュラルに、よろこばしい衝動に素直になるというような感覚です！

とりもなおさずそれは、〝流れに乗る！〟ということです。

あなたにとって乗るべき幸運の流れには、はやる気持ちとスピードがあるにもかかわらず、まったく何もしんどいものがなく、爽やかで、軽やかで、のびのびスーッとしている感じで、むしろ、超、楽な感じです。

それは、とても心地よいので、人は、そのことにスピード対応ができるのです！

Chapter 4

お金を手招きする☆楽しい生き方

ちょっとの刺激で金運上昇！
心地よい経済をスピーディーに叶える♪

即効、入金の技☆マネー・コマンディング

宇宙にお金を持ってこさせなさい！
そのシンプルで強力なやり方

お金という創造的エネルギーをダイレクトに刺激して、即効で、必要とするお金を惹き寄せる方法があります！　それは、「お金を持ってきて！」と、〝マネー・コマンディング〟するという方法！　つまり、宇宙への命令です♪

あなたが、なにかしら叶えたいことのために、お金を必要としている際には、いつでも、この方法をお試しください。

たとえば、あなたが旅行するための代金がほしいのだとします。その代金を求めるために、「旅行代金、30万円を持ってきて♪」と、命令するのです。誰に対してかというと、自分の心の中を通して、宇宙に！　です。

また、大金が必要で、しかも期日もせまっているというときには、「今月中に、100万円!!」というように、どうぞ♪

すると、命令を受けた宇宙は、創造的エネルギーと共鳴しながら、お金の具現化にとりかかります！

さて、このマネー・コマンディングには、実は、「裏技」もあります！　この「裏技」を使うと、とんでもなく早いスピードに乗ってお金がやってきます！

やり方は、超シンプル!!　お金が入《い》り用なときに、「30万円！　30万円!!」「100万円！　100万円!!」というように、〝金額のみを、連呼する〟ということです！

1日に何回やるのがいいのか、特に決まった回数はありませんので、思いついたときや、その気になったときに、やるといいでしょう。

が、やるときは、頻繁にやります。けれども、1回につき、何十回も、何百回も言う必要はありません。

せいぜい、「30万円!!　30万円!!　30万円!!」と、何度か連呼するのみでOK！

マネー・コマンディングに重要なのは、頻度だからです！　頻度が、創造的エネルギーをうまく刺激するのです！

それゆえ、たった1回だけ、長く時間をかけて金額を唱えても、あまり意味がありません。頻繁にやり〝やめどき〟が来たら、やめます。

そのやめどきは、「もう、言わなくてもいいか」「なんだか、じゃまくさい」「もう、あきた」というときです！

ちなみに、〝やめどき〟がきたら、それ以上、する必要はないし、しようとて、できるものではありません。

そして、そのときこそ、宇宙にその金額がカチッとセットされ、あなたにお金を運ぶ準備ができたという、サインです！

続いて、あなたの日常に、ちょっとした出来事が起こり、変化が訪れ、人がやってきて、思いもよらない回路から、必要としていたお金がもたらされるので、びっくりすることになります！

「そんなことくらいで、本当にそうなる？」などという疑いは禁物です！

というのも、**「命令」というのは、絶対であり、強制力を持っており、そもそも〝なされるべきもの〟であり、「それゆえ、なされる♪」からです！**

お金がやってくるときの不思議な兆候

これが「入金」のサイン☆
その気配こそ、富が押し寄せる証拠

お金には、不思議な性質があり、必ず何かしらの〝気配〟と〝音〟を立てて、やってきます♪

しかも、お金はさみしがりやで、ひとりでそっとやってくることはなく、来るときには、たいがい、多くの仲間を連れだって、にぎやかにやってくるものです！

そのかすかな〝気配〟を感じ取り、〝札束の音〟を心の耳で先に聴いてしまえたら、とても効果的！　そのあと現実にお金を手にすることになります！

さて、お金がやってくるときには、必ずその〝気配〟があるわけですが、その気配は、まず〝あなたの気持ちの上〟に現われます！　ある瞬間、なぜか、突然、気分が〝パッと明るくなる♪〟というように！

それまでお金のことで悩んでいたのに、なぜ、今日は突然、その苦しみが消え、清々しい気分でいられるのだろうか？　というように、不思議と、わけもなく、気分が良くなるのです。

そのうち、あなたのまわりで、不思議な〝音〟が鳴り始めます！

たとえば、家のソファに座って、ボーッとお茶などを飲んでいると、突然、ドサッと雑誌か何かが床に落ちたような音がします。その音のするほうに行ってみると、何も落ちてはおらず……。

その音の出どころもまったくわからないものです。「あれ？　さっき確かに音がしたのに、気のせいかな？」と、首をかしげたくなります。

また、夜ベッドに入り寝ようとすると、バサッと、耳元に分厚い紙の束が置かれたような音や、また、雑誌か何かがベッドの下に落ちたかのような音が聞こえてくるのです。気になって、スタンドの灯りをつけて、枕元やベッドの下を見てみても、そこには何も落ちておらず……。

うとうとして、ようやく眠りに入ろうとしたそのとき、今度は耳元で、指で紙をめくるようなシャカシャカする音が聞こえたりします。ときには、チリリンッ♪という季節外れの風鈴のような音や、仏壇のおりんがかすかに鳴ったような音が聴こえたりします。けれども、まわりのどこにも、そんな音のするものはなく……。

そういった、〝出どころのわからない音〟を、頻繁に、しかも、自分だけが聴くことになります！

おかしなことに、「あれ、いま、何か音がした？」などと、家族に聞いても、「していないでしょ」と言われて、自分以外の人はその音を聴いていないのです。

そんな日常の中、淡々とすべきことをしていると、今度は現実的な音がはっきりと鳴り始めます！　そう、その、お金が入ってくるきっかけの音は、たいがい、携帯電話の着信音か、メールやラインの受信音、パソコンのメールのお知らせ音から、始まるのです！

そして、なぜか、「久しぶりにあなたに逢いたいわ」「どうしているのか気になって」「ちょっと、聞いてもらいたい話があるの！」と、友人や知人から、ひょっこり連絡が入るわけです。

あるいは、ずっと前に仕事をしたことのある人や、ひょんなことから出逢ったすごい人、新たに出逢った人たちから、「ちょっと時間をいただけないでしょうか？」などと、言われるのです。

「一体、何だろう？　なんの話かな？」と考えても、その時点では起こる出来事やその後の流れは、まったく見当がつきません。

けれども、そこには、心の中に春が訪れたような、静かで優しいおだやかさが、そこはかとなく漂っているものです。

何も期待はしていないけど、なんとなく「いい予感」があります。ときには、理由

はわからないけれど、無性に何かが楽しみに感じられるものです♪

そして、やってきた人や出来事や流れに乗っていくと、思いもよらぬチャンスや仕事に導かれ、その先で、ついに、ATMの音とともに、そのお金を引き出す瞬間がくるのです！

何を隠そう！　それまであった〝気配〟と〝音〟は、お金にまつわる想像が、あなたの内側から飛び出して、外側に創造されるときに発生する「エネルギーの音」だったのです！

ちなみに、その音を意図的に生み出すのも、効果的！　たとえば、1万円札の大きさに新聞紙を100枚カットし、束にして帯をかけ、それをさわってバサバサいわせて、その音を聴くのです。札束の音を聴いているつもりになれたらOK！　やがて、本物の札束にお目にかかれることになります！

電話がなったら、つながろう！

その出来事があなたにお金をくれるもの☆興味津々でいてください

お金は、音を立ててやってくる！　それにまつわる私の知人の話は、あまりにもおもしろく、不思議なものでした。それをお伝えしましょう！

知人の経営コンサルタントのNさんは、小さな会社を経営していました。が、ここ最近は、仕事が思うようにいかず、資金繰りに苦しんでいました。もし、来月までに1000万円が入ってこなければ、スタッフの給与も、未払いの請求書も、支払えない！　と、ピンチに陥っていたのです。

とはいうものの、お金を工面できるあてもありませんでした。

しかし、困ったときの、宇宙頼み！　彼女は〝原因の世界〟である自分の内側に働きかけようと、想像を通して、お金のある現実を創造しようとしたのです。

Nさんは、ソファに座り、まず、お金を手にしているイメージをしました。そうして、札束の音を今ここで聴くことで、惹き寄せようと、手にとった雑誌を床に落として〝お金の音〟として、聴いたのです。

雑誌が床に落ちると、〝バサッ〟という紙の音がリアルに耳に入ってきて、本当に、札束がたくさん足元に落ちてきたような感覚になったといいます。

そうして、Nさんは、その行為を繰り返し、心の中でこう感謝を捧げてみたのです。

「いま、宇宙が札束を、大きな音がするほど、私の足元に、どっさり運んできてくれました。ありがとうございます！」と。

そして、足元に運ばれた札束の帯を外し、1000万円分お金を数えたのです。心の中で♪

そのとき、Nさんは切実にお金を必要としており、それがあったらどんなにうれしいことかと、そう思うと、涙まで流れたといいます。そして、お金をすでに得たようなリアルな感覚に包まれると、不思議と切羽つまったものがとれて、少し楽な気分になったそうです。

そうして、日常の中では、連日、目の前にあるすべきことを必死でこなしていました。

すると、ある日、彼女の携帯に着信があったのです。その音の主は、レストランや教育や美容関係のビジネスを数多く手掛け、ひとりで年収数十億円を稼ぐ、知人Uさんでした。それは5年ぶりの連絡でした。

「あれ、いったい、なんだろう?」

電話に出てみると、開口一番、電話の主のUさんは、こう言ったのです!

「Nさん、こんにちは、おひさしぶり。元気にしてる？　突然でなんだけど、あなた、今週水曜日はあいている？　もし、よかったら、夕食を一緒にどう？　実は、相談したいことがあって」

それから3日後、会ってみると、Uさんは、新規事業として立ち上げるビジネス・スクールの話をし始めたのです。そうして、そこでやりたいプログラムの構成について、企画書を見せてくれたのです。

その企画書には、８つのコースがあり、コースごとに担当講師を探しているというのです。そして、７人までは決定して契約となったけれど、８人目の人が、急遽、その話を降りてしまい、どうしても至急そのコースの講師が必要になり、ぜひNさんに依頼したいのだと。

そして、もし、この突然の依頼を引き受けてくれるというのなら、1年間の契約報酬を、今月中に全額支給すると！

その話を聞いたとき、Nさんは、一瞬で、目の前が明るくなり、大きな高揚感に包まれました。「これは、チャンスだ！」と！　そして、その場で返事をしたのです。
「もちろん、やらせていただきます！　私でよければ♪」

結局、それを引き受けたことで、Nさんは、望んでいた期日までに、必要としていたお金を用意できたのです！

しかも、Nさんが必要としていたお金は1000万円でしたが、振り込まれた金額は、うれしい余剰の含まれた1200万円！

お札にみたてた〝紙〟の音は、〝神〟の音であり、宇宙がそれを現象化する響きであり、波動です！　それは、いつでも心と共鳴し、不思議なことを起こすのです♪

いつだって、受け取るつもりでいる

決して、祈らないでください☆
それが来るとわかっているだけでいい！

お金がやってくるのを待っているときには、いつでも、そのお金を「受け取るつもりでいる」ことです。そのとき、あなたも宇宙も、互いにそのつもりでいて、無言で協力関係を結んだことになり、具現化のスピードが早まります！

しかも、「受け取るつもりでいる」とき、あなたは、そのつもりでいるわけですから、いちいち、「どうかお金が入ってきますように！」などと、祈る必要も、「神様、なんとかしてください！」と懇願する必要もありません。

また、「受け取るつもりでいる」というのは、もっとかんたんに言うと、「まっ、そうなるでしょ♪」と、待ち望んでいるお金が来るのを待っている間、〝ラフな態度でいる〟ということです。

態度のラフさは、〝宇宙におまかせしている〟状態であり、それゆえ、宇宙は「よしきた！ まかせとけ♪」というノリで、最もやりやすい形で、最も簡単な方法で、最も動かしやすい人を使って、ほしい結果を素早く届けてくれるのです！

ちなみに、ラフになるほど、気分が軽やかになればなるほど、望みが叶うスピードが上がります！

そうして、「受け取るつもり」になったなら、まだ、何も起こっていないうちから、ただちに、そのお金を迎える準備をしてください。ただちに！ です。

たとえば、そのお金が入ったら買いたいものがあるというなら、そのパンフレットを取り寄せ、それが売っているお店に出向いて下見してみてください。

実際にふれて、店員さんに商品説明をしてもらうのも、よし！ です。

家族で旅行したいというのなら、旅行会社に行って、パンフレットを取ってきてください。どんな場所に、どのくらいの日程で行きたいのか、計画を立てることです。もう、行くつもりで、旅行会社の窓口で見積もりを出してもらってもいいでしょう。

また、大金を積み立てたり、お金を頻繁に振り込ませるための〝入金専用〟の新たな銀行口座を開設したり、お金（あるいは、通帳や、印鑑や、契約書など）を入れておく金庫を買ったり、その金庫の置き場所を決めてください。

あなたがそのお金で家を買いたいというのなら、対象にしたい高級物件を内覧してください。1億円の億ションでも、2億円の豪邸でも♪

また、そのお金を使って、どこかに寄付したいというのなら、寄付先を検討したり、小切手の発行のしかたでも確認したりしておいてください。

あなたがお金を望み、「受け取るつもりでいる♪」とき、それにまつわるすべてのことが水面下や背後で動き出しています！　そうして、いまのあなたのまったく知らない意外なやり方で、そのお金がもたらされることになるのです！

冷めないうちに動く

熱があるものに、心はひらく！
運がひらく！　宇宙の扉もひらく♪

必要なお金についてあなたが求め、受け取るつもりでいて、結果を信頼していると、そこから物事を現実的に動き出すためのいろんな情報が、あなたの内からも、外からも、どんどんやってきます！

そのとき、「あの人に電話すべきだ！」「いま、メールしよう」「この人に会っておきたい♪」「そこに行きたい！」と思ったら、また、なにかしら「本を読んでみたい！」「セミナーに申し込みたい！」などというものがやってきたら、即、そうしてみてください。

即！　というのがみそです。あなたの気持ちが熱いうちに、熱が冷めないうちに！ということです。

何を隠そう、その〝熱い気持ち〟こそが、あなたが必要とするお金がこの現実に出現する速さに「スピード」と「勢い」をつけるものだったのです！　そして、この状態のとき、お金もスピードに乗って、あなたのところにやってきます！

熱い気持ちでいるとき、それだけで瞬間的に、研ぎ澄まされた感性を持って、創造的になれるものです！

そのとき、情熱的な人でいられ、やりたいことを即プランにでき、高いエネルギーに満ちていて、どんなことも自発的に行動に移せ、行く先々で価値あるものを手につかむものです！

これとは逆に、人は、情熱を失い、いったん気持ちが冷め、熱を失うと、動こうと思っても、まったくエンジンがかからないものです。

そして、そんなとき、重い腰を上げる必要に迫られるたびに、いちいち、何か本を読んだり、誰かの話を聞きに行ったり、外からの大きな刺激が必要になり、故意に自分をヒートアップさせないと、何もできないものです。

冷めた状態になったことで、自分を奮起させるために、人はいったいどれほど多くのチャンスを、目の前で見送ってきたでしょうか？

覚えておきたいことは、あなたのエネルギーは、熱しやすく冷めやすい性質があるということです。そして、人は、熱いエネルギーでしか、動けない存在だということです。まぁ、冷めたら最後、何もしないというのが大半の人間の姿です。

けれども、この世の中には、つねに〝熱い人〟、どんなときも〝スタンバイOK！〟のフットワークの軽い人もいるものです。

そういう人は、自分の中の〝熱〟＝良質のエネルギーを上手に使って、自分を楽に動かし、思う通りの人生を叶えているのです。

お金に対して本気で向き合い、夢を、理想を、心を熱くし、行動のスピードを上げる人が、お金を素早く手にする名人なのです！　そして幸運は、いつも〝早いもの〟に乗って、やってきます！

お金が必要で、ほしいと思っているくせに、なにかとお金に冷めた態度でいたり、斜にかまえたり、冷ややかに批判したり、悪く言う人は、お金のチャンスをなかなかつかめないものです。そして、必要なお金のためにも、然るべき必要な動きをせず、もたもたしている人は、望むお金が手元にくるのが遅いものです。

さて、もし、ほしいものに対して、熱くなれないし、動けもしないというのなら、本当にはそれを望んでいないということかもしれません。

邪魔しないでください

口癖を変え、発想を転換してね☆
お金と幸せを受け取りたいのなら

お金の創造的エネルギーをあなたの中から生み出し、換金するには、クリエイティブな人でいることが何よりも重要です！　それゆえ、クリエイティブな人でいることを、自ら邪魔しないでください。

邪魔しがちな人は、たいがい、こういう口癖を持っているものです。

「したい仕事を探しているんですけど、私、何の資格もないので、不利ですし、いいところがないんです」

「私など、もう歳だから、ここからどんなに良いことをイメージしても、どのみち、もう無理なんです」

「私も頑張っているつもりなんですけど、上司が認めてくれませんのでねぇ。ここからの飛躍とか成功とか、ありえないんです」

「私は先生のように、偉い人ではないので、お金を稼ぐのは無理です」

クリエイティブでない人は、もう、なんでもかんでも、「ない」「できない」「ありえない」「無理」と言いたがります！

そして、そういう否定的な言葉だけはあきれるほどたくさん知っており、自己卑下や自己憐憫《れんびん》はするくせに、自分の夢や可能性については、まったく肯定しようとしないものです。

こういう人を見ていると、腹が立つというより、「この人は本当に、自分を愛しているのかな？」と、気の毒に思えるものです。

というのも、そういう人が社会に出て、いい仕事に恵まれなかったり、望むお金を手に入れられなかったり、飛躍や成功が叶わなかったりするのは、なにも、資格がないからでも、歳をとったからでも、上司が認めないからでもないからです。

本当は、自分が自分に対して、「もっと良いところはないかな？」「もっと素晴らしい点はないかなぁ？」「やりたがっていることは何だろう？　叶えたいことはどんな夢？　それをさせてあげようかなぁ」「どういうところに行けば自分の本領を発揮できるかな？」「どうやって生きれば、イキイキするかな」と、自分が幸せになることについて、ちゃんと肯定的に想像したり創造したりすることが、ないからです！

プラスの方向に想像しなければ、なにも良いものは創造できません！

いつでも、想像というイメージに、よろこばしい感情を注ぎ、良質のものにし、それを高めようと、イキイキ生きていけば、素晴らしい創造的エネルギーが自分の中から放たれ、お金や幸せを自動的に惹き寄せるものです！

自分を助け、幸せにし、豊かにするためにさえ、自分の中にある「想像力」や「創造力」をめいっぱい良い形で使おうとしない人のことを、ドケチというのです。

あなたがクリエイティブな人でいることで、口癖が変わり、発想が変わり、イメージが変わり、生まれる感情が変わると、おのずと、あなたそのもののエネルギーも変わり、創造されるものも変わり、いくらでも幸せで豊かな理想の人生を叶えられるのです♪

与える人が、受け取る人だと、心得よ

与えるとは、何をすること⁉
それを本当に知るとき、受け取れる

必要なお金を、確実に手にしたいというのなら、わかっておきたいことは、いつでも、「与える人が、受け取る人」であるということです！

「与える人が、受け取る人」であるというのは、自分のアイデアや閃きや智慧などを、自分以外の外側に惜しみなく与えるということです。

そのとき、あなたは自分に夢と可能性を与え、宇宙に意図と、物事を動かすきっかけのエネルギーを与えたことになります！

そうして、そこから何かが起こるのです♪

この世の中の多くの人は、与えもせず、くれ！　くれ！　ほしい！　と言いたがります。「もっとお金をくれ！」「もっとましな人生をくれ！」と、「ああしてほしい、こうしてほしい！」と。

頼みごとをするばかりで〝もらうこと〟しか考えていません。いや、別にいいんですよ。どんなに良いものをたくさん、宇宙からもらっても！

しかし、**肝心なことは、素早く確実に期日までに望むものを受け取っている人は、もらう前に、然るべきものをちゃんと自ら与えているということです！　そう、自分自身にも宇宙にも、そうして、まわりの人にも！**

与えるというとき、何も、誰かやどこかに、金品を与えるのではありません。自分の内にある善なるものを、自分の内と外へ与えることなのです。

そういうことを知らないうちは、人は、自分が満足のいくお金や望む結果をもらえないことを、すぐに誰かのせい、会社のせい、社会のせい、運命のせい、神様のせいにするのです。

けれども、そんな文句を言うあなたは、いったい、自分に、他者に、会社に、社会に、宇宙に、何を与えましたか？

想像を通して、ビジョンを自分や宇宙に与えるのはタダです。タダ、つまり、無料のものを、与えているだけなのに、そこからお金に換算できないほどのすごいものを受け取らせてもらえるのです！

与えるとき、増えるのです！　受け取れる良いものが、たくさん、たくさん、この人生に！

Chapter 5

お金の流れを整える☆「潮」の法則

遠慮せず受け取り、よろこんで拡大し、
無限の領域に入る

いま、ここで、未来をつくる

あなたを通してしか創造できないからこそ、
しておきたいこととは!?

豊かさの中に身を置いておきたいというのなら、創造的エネルギーを持った人でいることです！　それは、いつでも、あなたの想像に良い感情を注ぐことで、かんたんに、生み出されます。

その、創造的エネルギーには、方向性と、確実性があり、神秘的で、かつ現実的な「成就パワー」があります！　それゆえ、物事をたやすく現象化してしまいます！

お金が必要なときには、それが手に入った場面を想像し、よろこび、創造的エネルギーを生み出し、すでに得たつもりでいてください。そして、そのお金を手にしたら、しているであろうことで、いますぐ着手可能なことを、どんなにささいなことでもいいから、実際に、まず、やるのです。

そのとき、あなたは、「叶った未来」をいまこの時点で、創造していることになり、やがて、リアルな現実の中に身を置くことになります！

たとえば、あなたは、1000万円というお金が必要だとしましょう。そのお金ができたら、キャッシュでベンツを買いたいのだと♪

その場合、いまそのお金が手元にはなくても、ベンツのパンフレットを先に取り寄せることです。ショールームに見学に行ったり、試乗会に行ったりしてもいいでしょう。実際、そんなことくらい、やれるものです。かんたんなことです。

あなたが「すでに得たつもり」でいるとしたら、きっと、あなたは本当にそうするでしょう。

しかし、想像が乏しく、感情もわかず、得たつもりになれないでいるとき、きっと、あなたは、そのパンフレットすら、取り寄せません。

なぜか？「あほらしい」と思うからです。では、なぜ、「あほらしい」のかというと、信じていないからです！　自分の想像したことに、そんな創造力という、成就力があることや、そんなことで必要なお金がやってくるなどということも！

いつでも、想像を通して、「そうなる前提」で現実を生きるときのみ、あなたはその気になり、素早く行動し、次のステップへとどんどん進むことができるのです！

結果が約束されているというとき、人は、誰に言われなくても、必要なことを自発的にやるのです。それも、よろこばしく、素早く！

そのとき、あなたの創造的エネルギーには必然的に「スピード」が生まれ、必要なお金は、それなりの理由と場面を持って、ただちにやってきます！

ちなみに、結果を誰が約束してくれるのかというと、ほかでもない、あなたです！あなたが自分に約束すればいいだけです！「叶えてあげるね♪」と。

いっそ、お金の川に手をつける♪

流れを自分のところに向ける☆
たった、それだけでお金はなだれ込む！

ありがたく、うれしいことに、この世の中には、経済というものがまわっています。その経済をみかたにつけることで、飛躍的にあなたは豊かになれます！

経済とは、この世にそこはかとなく、ときには、勢いよく流れている、お金の川がある世界です。そこには巨大な川幅と、複数の回路があり、大海へと続く道があります！　また、勢いがあり、スピードがあります！

そのお金の川の回路をあなたが持ち、川幅を広くして、流れの勢いとスピードをつける方法をマスターすれば、素早く！　この現実に大金を生み出すことができます！　そう、悠々と、ゆったり、お金の海にひたれる人にもなれるわけです♪

そのためにすべきことは、ズバリ、「観察」です！

この世の中を、経済を、よくみてください。そこには、人の興味と欲求があり、求められているものがあり、売れているものがあり、流行っているものがあります。

また、もっと良いものを求める声や、もっとこうしてほしいという要望や、さらに新しいものをという希望や、これまでになかったものをという、さらなる欲求などが、あります。

そこには、何かを提供している人があり、店があり、会社があり、ビジネスがあるわけです。

そして、あなたがお金の川に手をつけ、その回路を自分のところにも引き込み、豊かになりたいというのなら、あなたが観察して、良いと感じたもの、これだ！　とピンときたもの、わくわくしたもの、関わりたいもの、やってみたいことに、素直に、ダイブすればいいだけです♪

あなたが何かを生み出し、それを世間に提供しようと、素晴らしいアイデアで、より良いものを創造し、魅力的なものにするとき、世間はよろこんであなたの参入を受け入れます。

そして、受け入れられたとき、お金の川が一本、あなたの家に流れてくるのです！　その川という回路を増やし、川幅を太くし、お金の海にしたいというのなら、お金の川を持ってもなお、より良いものをと想像力を駆使し、創造し、必要なことを、ひとつ、ひとつ、行動にうつせばいいだけなのです！

最初、あなたにできることは、小さなことかもしれませんが、叶えたいことに対して、より素晴らしい想像がふくらむほど、より大きなことを創造できるようになり、より大きなパワーを持つ人になり、より確信に満ちた行動をするようになり、より大きな人の注目を集め、より大きなお金を手に入れられるようになるのです！

満ち潮をみかたにつける☆そのときすべきこと

お金の流れに乗る人こそ、安定しながら大きな金運を獲得し続ける人

巷の経済にも、あなた個人の経済にも、お金には、「満ち潮」と「引き潮」のときがあります。ここでは、あなた個人のお金の事情で、「満ち潮」のときについての大切なことをお伝えしましょう。

「満ち潮」のときというのは、すなわち、あなたのエネルギーが高いレベルにあるときであり、絶好調を意味します！　お金は「支出」より「収入」が多くなっているか、支出があっても、入ってくるお金がはるかに大きいか、入ってくる頻度がとても多いものです！

そんな、〝お金がどんどん入ってくるリッチな流れの中にいる状態〟のとき、あなたは、「満たされる」「潤う」「拡大する」「循環する」「倍加する」という富貴繁栄の

中にいて、大きな金運に恵まれた人となります！

「満ち潮」のときのあなたの課題は、「GO!サインを出すこと」であり、躊躇《ちゅうちょ》せず「進む」ことです！

「チャンス到来！　どんどん進め！」「やることなすことうまくいく♪　なんでもチャレンジしよう」「腰をおろすのはまだ早い、やれるだけやっていいんだよ」というハッピーフロー（幸せな流れ）にあるということです。

そうして、実際、そのように進むと、まだまだ受け取れる宝物があり、次々といい話、すごい仕事、大きなお金、キーマン、新たなステップ、高いレベルへの移行があります！　憧れ望むものが、いやというほど叶う人生に入っていきます！

それゆえ、躊躇せず、遠慮せず、後ずさりせず、よろこんで、楽しく、道を進み、ドアを開け、自分の本領を発揮すればいいのです♪

さて、このとき、たいがい、ほとんどの人は、あまりの幸運に有頂天になりがちで、入ってきたお金に対しても気が大きくなり、やたらと使いたがるものです。

もちろん、使ってもいいし、使ってもまた入ってくるときですから、問題ありませんが、散財するのではなく、有意義に使える人でいることです。

さて、この**「満ち潮」のとき、あなたはこれ以上に大きなお金を持てる人になるのか、はたまた、しょせんこの程度の金運で終わるのか、これ以上の幸運を持てるか、はたまた、この程度の幸運で終わるるか、運命の分かれ道となるときです！**

そして、学ぶべき課題が、あるのです！

それは、「引き潮」が来ても、耐えうる丈夫な精神と大きなお金のプールを持てる人でいることです！

「満ち潮」のとき、あなたに大きなお金が入ってくるということは、あなたの仕事がうまくいっているということであり、運勢が上向きで勢いがついているということであり、恵まれる、受け継ぐ、与えられる時期であるということです！

そのとき、あなたはエネルギッシュでパワフルで、やることなすことうまくいく人で、順風満帆の中にいるものです。あなたのもとにはいろんな人たちが集まってくるので、仕事でも成功しやすく、お金も自動的に巨大化していくものです！

しかし、それに有頂天になったり、散財したりすると、次の「引き潮」のときに、困ることになってしまいます。

それゆえ、**「引き潮」が何度きても、びくともしない〝余裕の精神〟と〝本物の財力〟と〝豊かな人生の継続〟を叶えることが大切なのです！**

というわけで、「満ち潮」のときには、いや、むしろ、このときこそ！　お金が入ってきたら、先に自分に確保することです！　最低でも入ってきた分の1割から2割を絶対とし、可能なら3割から5割を確保できるといいでしょう！　お金が入ってくるたび、優先的に貯蓄していくことで、あなたの財産は増え続け、何かあってもお金に一生、困らない人でいられます！

そして、先に確保したら、残りの余剰分でお金を使うことを楽しむといいでしょう。
ちなみに、大きなお金に恵まれやすい人は、こういったことに対して、ふつうに「そうしよう♪」と思え、そうするものです。しかし、お金に恵まれにくい人は、〝先にお金を確保する〟ということにはとても抵抗し、反対でいて、「いるものに使ってから、余ったら貯金すればいいだけでしょ」と言いつつ、毎度ぜんぶ使っては、すっからかんでいるものです。そんなことでは、お金の余裕は育みにくいものです。

さて、「満ち潮」の課題を守っていくと、やがて、あなたはお金のプールからお金を引き出さなくても、余剰だけで、生活したり、遊んだり、行きたいところに行ったり、買いたいものを買ったりできます！

また、いったん、「満ち潮」の生き方を学ぶと、あなたは生きることが安全で、豊かで、幸せで、いいものだとわかり、感謝する人となります。その満たされた心が、他者や社会にも、尊いものを与えることを学ばせてくれ、ますます、あなたは繁栄する人になるのです！

引き潮に飲み込まれない☆そのときすべきこと

お金が減る・なくなる・失うときは、効果的にすべきことをしなさい

ここでは、「引き潮」について、お伝えしましょう。「引き潮」のときというのは、あなたのエネルギーが低下しているときであり、なにをやってもいまいちで、成果が出にくくなっているものです。努力がなかなか実らないときでもあります。

このとき、お金は、「収入」より「支出」が多いか、収入がないか、収入もないのに支出が大きくなっていて、お金が出て行くばかりの傾向にあるものです。

〝お金が入ってこない不足の流れの中にいる状態〟で、そのときのあなたは、「出ていく一方」「足りない」「減っていく」「奪われる」「貧しい」「厳しい」というような、お金に縁のない状態になっているものです。

このとき、たいがい、多くの人は、お金がない！　と苦悩しており、創造的であることを、忘れてしまいがちなものです。

そして、お金のない苦しみから、自己否定したり、人生に限界を感じたり、絶望したり、生き方を見失ったりしがちになるものです。自信をなくし、可能性がすべて閉ざされたように感じるものです。しかし、ちょっと待ってくださいよ。このとき、悪い時期であるということでもないのです。

実は、「引き潮」のとき、あなたには、そこにいることになった理由、必然性があって、そこにいるのです！

それは、まさに、気づきと、成長を促されているということです！　宇宙があなたに、大切なメッセージを送りたいと思っている時期でもあるのです！

この「引き潮」のときの課題は、悪い状態の中、無理に強行突破して進もうとせず、悪あがきせず、素直にいったん止まり、ただちに、自分を休ませ回復させ、本来のエネルギーを取り戻すことを優先しなくてはならないということです！　疲れを取り、自己ケアし、パワーチャージする必要があるということです！

あなたがいったん立ち止まると、悪い状態もそこでいったん止められます。心配やあせりや不安でいっぱいになっていた頭と心を解放し、休め、ストレスから自分を救い出すようにすることが大切なのです。また、人生を冷静にみつめ直すときでもあります。

そもそも「引き潮」の「お金不足」の状態は、あなたのエネルギー不足によって引き起こされているものです！

あなたが必要な休息をして、復活するチャンスを待ち、再び自分の内側からエネルギーを生み出し、創造的になるならば、ここから良いものを拡大させるチャンスを得られ、「引き潮」も消え、お金は、再び戻ってくることができるのです！

外側にむけて、元気でパワフルで、創造的なエネルギーを広げきれていなかったことで、お金を生み出すチャンスをつかみきれなかったのですから、元気に復活し、クリエイティブな人でいるのを楽しめたら、すぐに「満ち潮」に入っていけるのです！

さて、この「引き潮」のときには、お金がないわけですが、「ない！　ない！」と悲壮になるのではなく、「まだ、ある！　なんとかなる」「まぁ、大丈夫♪」と自分に言い聞かせることが大切です。すると、不安と恐れと混乱を止められ、希望と冷静さと発展へと、気持ちと運命を切り替えることができるからです！

とにかく、「引き潮」のときは、ネガティブになって、それを長引かせるのではなく、とっととポジティブになって、そこからぬけだし、自分の気持ちやエネルギーのベクトルを上向きに舵取りをすることが大切です！

創造的になり、エネルギーを増やし、再びパワフルな人に戻るなら、引いていくばかりの潮の流れを止め、スピーディーに「満ち潮」の流れに入っていけます！

いますぐ、障害物を取り除く

ストレスになるものなど、いらない！
良きものだけを迎えるために

お金のことだけでなく、その他なんでも、幸せに豊かに、良いものだけを迎えられる人生を叶えたいというのなら、あなたの内にも外にも、創造的エネルギーを生み出すのを邪魔するような「障害物」を、一切、置かないことです。

そのためにも、あなたの日常から、精神的にも、肉体的にも、経済的にも、出来事的にも、人間関係的にも、ストレスになっているようなものを、徹底して、排除することです！

というのも、ストレスになっているものが多いほど、あなたは疲弊してしまい、とてもではないけれど、お金やその他の良きものを生み出すクリエイティブな状態を持つことができなくなるからです。

なにか問題や悩みにとらわれている時間が多いほど、お金はなかなかあなたのところにやってくることができません。そんなものさえなければ、あなたは自分にとって楽しいことや、うれしいこと、幸せになること、豊かになることを、すんなり考え、イメージし、わくわく叶えられるわけですからねぇ～。

いつでも、日常的に、そして、エネルギー的に、「ストレスのない人」になるほど、あなたのところにお金や良いものや幸運が、もっとたくさんやってくることができるのです！

幸せと豊かさのために、ストレスフリーな生き方を選択しましょう♪

いやなことや、辛いこと、がまんならないことや、歯を食いしばって耐えなくてはならないこと、許せないこと、嫌悪だらけのことからは、もう離れてください。

自分にそういうことしかもたらさない人たちとかかわることや、そういう職場や環境から、抜け出すのです。

とにかく、自分の精神と人間関係の悪い中に、居座り続けるのは、最悪です。人間関係のうまくいかないところでは、幸福も成功も繁栄もないからです。

覚えておきたいことは、良い状態で整った自分の精神と、うまくいっている良い人間関係だけが、幸福と成功と繁栄を生み出せ、望む人生を叶えられるものだということです！

いいですか！　金銭的な貧しさだけでなく、人生の貧しさからも離れるためにも、あなたの気持ちやテンションを落ち込ませる人や、あなたを泣かせたり傷つけたりしてよろこぶ人、あなたの批判や悪口ばかり言う人、あなたの価値を下げたり、罵倒《ばとう》したり、暴力をふるう人とは、この際、きっぱりと手を切るのです！

そういうものを、甘んじて受け入れていてはいけません！　もし、「甘んじて受け入れるしかない」と、自分自身が決めているとしたら、あなたは自分にどんな罰を与えているのでしょうか。あなたを幸せにも豊かにもしない人が、あなた自身だとしたら、もう、目もあてられませんよ。

そういう人や場所とつながっている間、あなたのエネルギーは汚れ続け、下がり続けることになり、なくなりがちな最後のエネルギーまでもすっかり奪われ、倒されるしかなくなります。

ストレスになるもの、エネルギーを奪われるもの、うまくいっていないものには、あなたにお金や良きものや幸せをもたらすエネルギーなどないのだと、わかっておきましょう。

そして、それゆえ、一緒にいて、楽しい人、明るくなれる人、元気になれる人、やる気にさせてくれる人、パワーをくれる人、ハッピーな人と、いるようにすることです！　もちろん、そのためには、あなたもそういう人でいる必要があるのは、言うま

でもありませんが。

さて、あなたの邪魔をしたり、ストレスになったりするような「障害物」が、あなたの内にも外にもなくなると、あなたの中の創造的エネルギーは、いともかんたんに高まります！

そのとき、その高いエネルギーに共鳴するのは、波動の高いものばかりとなり、いいことや楽しいことはもちろんのこと、いい人たち、素晴らしい仕事、素敵なチャンス、大きなお金が、自然にやってくるようになるのです！

ぜんぶ感謝☆まるごと奇跡の人になる♪

お金だけでなく、あらゆる良きものに恵まれる!!すごい生き方

あなたが、これから、必要なお金を手にしたり、そのお金ができたら買いたいと思っていたものをすべて買ったり、したいことができたり、なりたい状態をどんなことでも叶えたりし、それでもなお余剰があり、人さまにも、社会にも貢献できるほどの、豊かさを手にしたいというのなら、やっておきたいことがあります。

それは、**自分自身のすべてや、自分にまつわること、自分にかかわるもの、自分のこれまでの生き方すべてに、「ぜんぶ肯定」「ぜんぶ感謝」することです。そして、ここまでの人生のすべての経緯や状態が、「ぜんぶ完璧!」なのだと、わかることです!**

いまのあなたの暮らしや現状がどうであれ、財布の中身がどうであれ、仕事がどうであれ、住んでいる家がどうであれ、です!

しかも、心から肯定し、無条件に感謝し、良いも悪いもすべてが完璧な宇宙のおとりはからいであり、必然であり、最善であったのだと、智慧を持って悟ることです。

そして、なにひとつ、くさしてはいけません。なにひとつ、悪く言ってはいけません。なにひとつ、不平不満の対象にしてはいけません。

また、なにひとつ、後悔することがあってはなりません。人は、「あのとき、ああしておけばよかった」「こうしておけば、もっとましだったかもしれない」などと、あとになってから、何かを悔やむものですが、そのときは、考えに考え、悩みに悩み、最善の答えとして、そうしたわけですから。

あなたは、そのときは、そのときで、ベストを尽くしてきたのです！　それゆえ、あなたは、ここまで、ぜんぶ完璧だったのです！

どんなときも、できる限りのことをし、がんばってきたのです。未熟に思えるようなことも、そのときは精いっぱいだったに違いありません。不器用な生き方だったとしても、なんとか必死で生きてきたのです。そして、失敗する必要があるときは、ちゃんと失敗してきたし、うまくいくときは、うまくやってきたのですから。
また、あなたをかこむすべてのものも、ぜんぶ完璧だったのです！

すべては、そのときそのとき、あなたの必要を満たし、あなたのもとにあるべき最善のものだったのです。たとえ、それが、誰かの何かと比べて劣っているように見えても、粗末なものに見えても、貧弱に思えても、つまらないものに思えても、です！

たとえば、あなたが、豪邸ではなく、裸電球ひとつしかないボロ屋にも思えるような家に住んでいたとしても、その家を契約できたときは、ホッとしたはずです。安物のタンスですぐにガタがきたとしても、それが安く買えたことを、そのときはよろこんだはずです。
好きではなく安いというだけの理由で買ったセーターも、それがあるのとないのとでは大きく違い、寒い冬の夜には、あなたの心と体を確かに温めてくれたはずです。

机を買ってもらえず、みかん箱を机代わりにして勉強したことも、あなたの「いまに見ておれ！」という、強い根性をつくってくれたかもしれません。

たいした街ではないと、文句を言っても、商店街はなんでも品物が安く、生活が助けられ、住めば都だったかもしれません。

「こいつら本当にひま人で、ろくでもない奴だ」と思っても、呼べばすぐに来てくれるフットワークの軽い仲間に、幾度となく孤独を救われたかもしれません。その人がいてくれたおかげで、何でも話せ、心を軽くできたこともあったはずです。

こんな親!! と嫌っていても、あなたを思う心はとんでもなく大きく、あなたを懸命に育ててくれたことでしょう。「自分みたいな人間は、いないほうがいい！」と、何かと死ぬことばかり考えても、その辛い自分のすべてを助け、一緒に乗り越えてくれたのは、他でもない、その自分自身です。立派な存在です。

すべてが完璧だったことを思い出すとき、素直に、肯定でき、感謝できます！

ふりかえり、思えば、あなたは、これまでの人生で、良いものばかりにかこまれていたのです。恵まれていないと不満を言っていましたが、なにかと必要なものにも恵まれていたのです。貧乏だと感じていたけれど、ある意味、豊かな状態を体験していたのです。

お金では買えない、尊いものを、あなたはたくさん自分自身の中やこの人生に、持っていたのですから！

なぜ、そんな大切なことに、これまで、気づけずにいたのでしょうか。それは、お金がないからではなく、心が貧しかったからです。

心が貧しいと、絶対に肯定的にも建設的にも創造的にもなれません。否定的で破壊的で制限と限界に満ちてしまうものです。そんなとき、どうして、豊かさに近づけたでしょうか。

あなたが、自分にまつわるすべてに対して、あらためて、まじまじと、心から、「よくぞあのとき、これが、私にも買える物であってくれてありがとう」「よくぞ、役立ってくれてありがとう」「よくぞ、必要を満たしてくれてありがとう」「よくぞ、私を助けてくれてありがとう」という気持ちを捧げるとき、それらは、完全に生かされきったことになります!

そして、生かされきったものは、そのあと、新たな恩恵をもたらすものとなるのです!

そのとき、もはや、それは、あなたのそばにある必要もなくなり、新たなあなたの精神にふさわしい、もっと良いものを、あなたに豊かにもたらす役割を果たしてくれるのです!

そう、たとえば、昔、お金がなくて、中古で買った電化製品が、突然、う〜んと、うなり声をあげ、自然に壊れていくのです。「いまこそ、新しいものに取り替えるといいよ。もう、きみには良いものが買えるはずさ!」というように!

また、狭いマンションでひとり暮らしをしていても、あなたの新たな精神に共鳴するふさわしいパートナーが現われ、その人と暮らすために、すごい豪邸に引っ越すことになったりもするのです。

小銭をかき集めて、カツカツの生活をしていても、あなたの新たな精神にふさわしいキーマンやチャンスや仕事に出逢い、偉大なことを成し遂げ、大きな報酬を手にするようにもなるのです！

自分自身のすべてや、自分にまつわること、自分にかかわるもの、自分のこれまでの生き方すべてに、「ぜんぶ肯定」「ぜんぶ感謝」し、ここまでの人生のすべての経緯や状態が、「ぜんぶ完璧！」なのだとわかることは、究極に豊かな創造的発想をしたことになるのです！

そのとき、あなたの中で生まれる創造的エネルギーは、神がかった奇跡さえも、かんたんに起こすものとなります！　純粋を究め、波動を飛躍させ、あなたをより高い場所へと、瞬時にシフトさせるからです！

そこにある人生には、お金や豊かさや幸せに、ことかくことがないのです！

感謝をこめた「あとがき」

豊穣の女神とつながるために、知っておきたいこと

アバンダンティアのメッセージからのスピリチュアルでリアルな言葉

あとがきとして、今回は、私が「チャネリング」を通して降ろした、豊穣の女神・アバンダンティアのメッセージをここにお届けいたしましょう！

それは、スピリチュアルだけれども、実に、リアルなものであり、心得ておきたい大切なことばかりです。

この言葉が、あなたの幸せと豊かさにも、役立つなら、幸いです。

＊

真の豊かさは、お金のあるなしではなく、あなたの魂の奥底に、最初から内蔵されているエネルギーにあります。

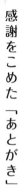

あなたの中に内蔵されているその慈愛に満ちたエネルギーを創造的に活用するとき、そこに望むものが現われるようになっているだけです。

その慈愛に満ちたエネルギーは、あなたの魂の力そのものであり、枯れることも、朽ちることも、失うこともありません。それは、はじめからそこに横たわっており、あなたに呼ばれるのを静かに待っているだけです。

そのエネルギーを呼びたいときには、いつも、ハートに手をあて、素直に心に望みを伝えるだけでいいのです。

呼び出されたエネルギーは、あなたが本当には何を望んでいるのか、どこに行きたいのか、誰と出逢いたいのか、何をしたいのか、どういう生き方をしたいのか、どんな人生を今世で叶えたいのかを、すべて知っています。

知っているけれども、それがあなたを無視して単独で動きだすことはありません。それはあなたのマインドの意思により、働くことができ、愛の力によって、物事を成就することができるのです。

また、あなたが成就したいそのための必要な課題や成長がいつ、どこでやってくるのかも知っています。

すべてのサポートは、あなたがより良く生きることにのみ注がれます。

あなたがお金を必要とするときにもその力は働きます。もちろん、「お金をください」と伝えていただいてもかまいません。

そうすれば、その慈愛に満ちたエネルギーは、あなたの必要とするお金をもたらす回路を探し、そこから、あなたの日常の自然なサイクルの中で仕事を完結させます。

あなたのミッションを担うにふさわしい、人や出来事が流れるようにやってきます。

そのとき、あなたが一つひとつのシンプルな行動をとることがありますが、たいがい、あなたに望みがあるときには、あなたはエネルギーに協力的で、そのエネルギーとともに自ら動き出してくれるものです。

あなたの動き出すそのタイミングがまちがうということは一切ありません。というのも、慈愛のエネルギーとともに動いている限り、高まるときには動け、静かになるときに完了し、停滞するときには、止まるからです。

あなたがより大きなお金を持ちたいというときには、お金そのものを追うのではなく、自分の中にある真価を追うようにすることです。

そうすれば、私たちは、あなたのその真価が、それなりのものに変化する道筋とコースを設け、あなたが真価を発揮し、それでなにかしらの仕事やお金や豊かさや幸せを得られるように導きます。

あなたの真価が発揮され、あなたの人生が潤うには、ときには、時間がかかったり、途中で挫折したり、何かが壊れることもあるかもしれません。

しかし、それらにいちいち執着したり、気にしすぎたり、泣いたりしないでください。余計なものがあることで、望みが叶うのが遅くなる場合のみ、それらはあなたのそばから取り払われているだけだからです。

真価のない人は、ひとりとしていません。だから、自分の真価は何なのかと悩まないでください。かわりに好きなところや嫌いなところも愛し、良いところを認め、褒めてください。

あなたの笑顔や優しさや、人の話を聞く態度なども また、真価のひとつです。おいしい料理をつくること、子どもの世話をすること、車の運転ができることもまた真価につながっています。自分の特技や趣味の中によろこびをみいだすとき、それもまた真価になるのです。

真価は自分で見つけるものであり、他人に認められるのを待っているものではありません。あなたが他人ではなく、自分自身で自分の真価をみつけたときには、なにものも恐れず、どんなことにもぶれず、大きく安堵するものです。

静かな中にあっても、力強く、その圧倒的オーラが、まわりの人々を魅了しつくし、カリスマになるのです。

あなたが大きなお金を持つ必要があるときには、それを叶えるために、あなたの慈愛に満ちた魂のエネルギーは、まずは、あなたが自分自身を徹底的に愛しきることを学ばせます。

あなたが自分自身を愛しきることが、あなたがそのあと他者のために動けるようになるための最も大切な基本であるからです。

あなたは、世に出て、人々のもとに自分をさらす必要があります。大勢の人の中に入っていき、その人たちが自分を愛して、前に進めるようになるのを手助けするとき、あなたは、その恩恵を現実的な方法で受け取ることになります。

それがあなたの仕事を通してなされるのならば、あなたの受け取るお金や富やそのほかのあらゆる財産となっていくものです。

その財産の中には、あなたをより磨き高める人や引き上げる人、何かをサポートする人、もっと多くを与えられる人など、多くの魂グループの人たちがいます。
そういう人たちとともに、世界に出て、自分の持ちうるすべての真価を発揮するとき、途方もない豊かさがスピーディーにあなたの人生になだれ込むのです！

２０２０年10月

ミラクルハッピー　佳川　奈未

《佳川奈未　最新著作一覧》

★『宇宙は「現象」を通してあなたに語る』　ビジネス社
★『あなたの願いがいきなり叶う☆「ヴォイドの法則」』　ビジネス社
★『自分の病気は自分で治す！』　ビジネス社
★『人生が整う「ひとり時間」の過ごし方☆』　ビジネス社
★『「いいこと」ばかりが起こりだす　スピリチュアル・ゾーン』　青春出版社
★『約束された運命が動きだす　スピリチュアル・ミッション』　青春出版社
★『大自然に習う古くて新しい生き方　人生の教訓』　青春出版社
★『ほとんど翌日　願いが叶う！　シフトの法則』　青春出版社
★『ほとんど毎日　運がよくなる！　勝負メシ』　青春出版社
★『すべてを手に入れる最強の惹き寄せ「パワーハウス」の法則』青春出版社
★『宇宙から「答え」をもらうシンボリック占い』　青春出版社
★『たちまち、「良縁」で結ばれる「悪縁」の切り方』　青春出版社
★『幸運予告』(初めての語りおろし特別CD付／約40分収録)　マガジンハウス
★『富裕の法則』竹田和平＆佳川奈未　共著　マガジンハウス
★『成功チャンネル』　マガジンハウス
★『幸運Gift☆』☆エイベックス歌手デビューCD付き♪　マガジンハウス
★『自分で運命調整する方法』☆佳川奈未本人登場！ DVD(52分収録)　講談社
★『運のいい人がやっている「気持ちの整理術」』　講談社
★『どんなときもうまくいく人の“言葉の力”』　講談社
★『怒るのをやめると奇跡が起こる♪』　講談社
★『あなたに奇跡が起こる！心のそうじ術』　講談社
★『「結果」は、自然に現れる！』　講談社
★『働かない働き方☆』　トランスワールドジャパン
★『マーフィー　奇跡を引き寄せる魔法の言葉』　日本文芸社
　ジョセフ・マーフィー著／佳川奈未　監訳

※文庫、ムック、電子書籍、POD書籍、その他の情報は、
★佳川奈未公式サイト『奇跡が起こるホームページ』をご覧ください。
http://miracle-happy.com/

★佳川奈未プロデュース☆公式通販サイト「ミラクルハッピー百貨店」
http://miraclehappy-store24.com/

★佳川奈未の個人セッション・各種講座が受けられる！
『ホリスティックライフビジョンカレッジ』HP
http://holistic-life-vision24.com/

佳川 奈未（よしかわ　なみ）プロフィール

作家・作詞家。神戸生まれ、東京在住。株式会社クリエイティブエージェンシー 会長。「心」と「体」と「魂」に優しい生き方を叶える！ 「ホリスティックライフビジョンカレッジ」主宰。


生き方・願望実現・夢・お金・恋愛・成功・幸運をテーマにした著書累計は、約160冊。海外でも多数翻訳出版されている。

アンドリュー・カーネギーやナポレオン・ヒルの「成功哲学」「人間影響心理学」、ジョセフ・マーフィー博士の「潜在意識理論」などを30年に渡り研鑽。

その学びと実践から独自の成果法を確立させ、「夢を叶える自己実現」「成功感性の磨き方」を通して、人々の理想のライフワークの実現に取り組んでいる。

2008年４月には、ニューヨーク・カーネギー・ホールで公演。ニューヨーク・国連本部・UNICEF代表者とも会談。印税の一部を寄付し続けている。

2009年２月、エイベックスより「幸運Gift☆」で作詞と歌を担当し、
歌手デビュー。（デビュー曲はエイベックス&マガジンハウス夢のコラボCD付Book『幸運Gift』として発売）

執筆活動の他、ディナーショーや公演、講演、セミナー、個人セッション・音楽ライブ、ラジオ出演、音声配信番組などでも活躍、精神世界にも精通しており、スピリチュアルなテーマを実生活に役立つ形で展開。潜在意識活性法や能力開発、願望実現などの各種講座を開催。

臼井式レイキ・ヒーラー。エネルギー・ワーカー。

ホリスティック・レイキ・マスター・ティーチャー。

近著に『人生が整う「ひとり時間」の過ごし方』『あなたの願いがいきなり叶う☆「ヴォイドの法則」』『宇宙は「現象」を通してあなたに語る』『自分の病気は自分で治す！』（以上、ビジネス社）、『人生の教訓』『約束された運命が動き出すスピリチュアル・ミッション』『「いいこと」ばかりが起こりだす スピリチュアル・ゾーン』（以上、青春出版社）など多数。

★佳川奈未公式オフィシャルサイト
『ミラクルハッピーなみちゃんの奇跡が起こるホームページ』
http://miracle-happy.com/

★佳川奈未　公式オフィシャルブログ（アメブロ）
https://ameblo.jp/miracle-happy-ny24/

★佳川奈未インスタグラム
https://www.instagram.com/yoshikawanami24/

★佳川奈未オリジナルブランドグッズ通販サイト
『ミラクルハッピー百貨店』HP
http://miraclehappy-store24.com/

★佳川奈未の個人セッション・各種講座が受けられる！
心と体と魂に優しい生き方を叶える
『ホリスティックライフビジョンカレッジ』ＨＰ
http://holistic-life-vision24.com/

※「ミラクルハッピー」は、佳川奈未の造語であり、オリジナルな世界観を叶える「ブランド」であり、佳川奈未が会長をつとめる株式会社クリエイティブエージェンシーの「商標登録」です。法的権利を有するものです。

「お金」は、スピードに乗ってやってくる!

2020年10月14日　第1刷発行

著　者　佳川奈未
発行者　唐津　隆
発行所　株式会社ビジネス社
〒162-0805　東京都新宿区矢来町114番地
神楽坂高橋ビル5F
電話　03-5227-1602　FAX 03-5227-1603
URL　http://www.business-sha.co.jp/

〈カバーデザイン〉中村　聡
〈本文DTP〉茂呂田剛（エムアンドケイ）
〈印刷・製本〉モリモト印刷株式会社
〈編集担当〉船井かおり〈営業担当〉山口健志

ISBN978-4-8284-2218-3

あなたの願いがいきなり叶う☆「ヴォイドの法則」

佳川奈未……著

定価　本体1300円＋税
ISBN978-4-8284-2098-1

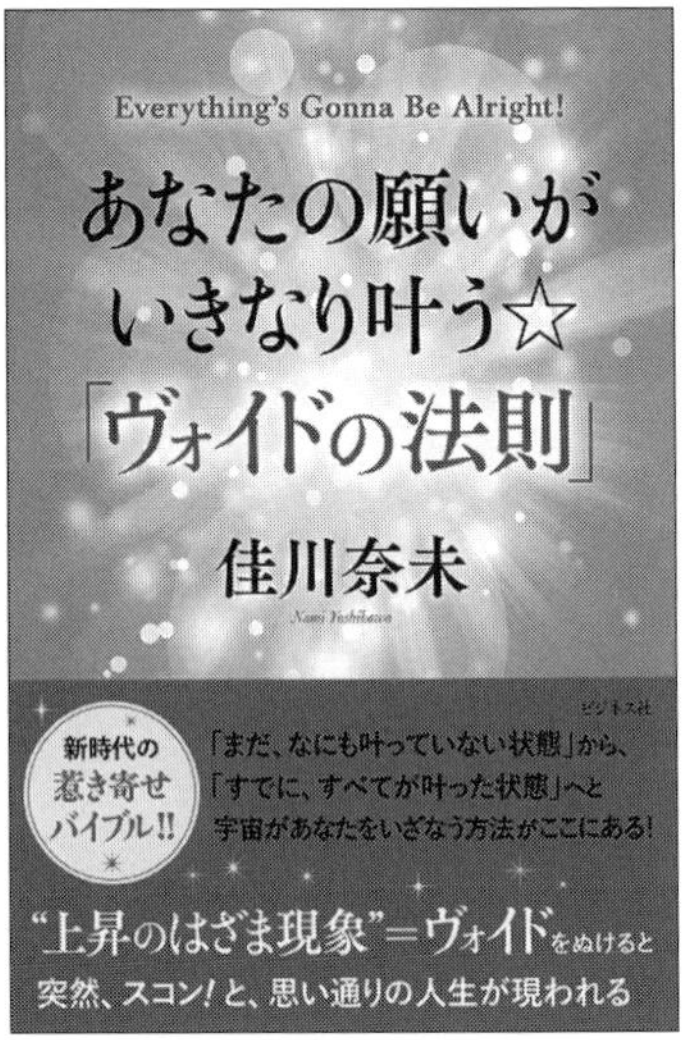

新時代の惹き寄せバイブル!!

〜ようこそ、運命の〝はざま〟へ♪

ここから、あなたは、望みのすべてを手にすることになる!〜

〝上昇のはざま現象〟＝ヴォイドをぬけると突然、スコン!と、思い通りの人生が現れる♪

「理想」と「現実」のギャップを超えて、よろこびの世界へどうぞ♪

あなたはそれを、ただ、ぬけるだけでいいのです♪

「ヴォイド」をぬけると、いきなり、望みのすべてが目の前に現れます!

本書の内容

Chapter1☆上昇のはざま現象☆ヴォイドの法則
Chapter2☆すべてが叶った☆おいしい領域へと入る♪
Chapter3☆おもしろいほど惹き寄せる☆磁力を加える♪
Chapter4☆満たされた人生をエンジョイする!

ビジネス社の本

人生が整う「ひとり時間」の過ごし方☆

佳川奈未……著

定価　本体1300円+税

ISBN978-4-8284-2192-6

順風満帆なときも、逆境のときも、
365日☆イキイキ輝いて生きる秘訣♪

「ひとりの時間」を、快適に楽しくハッピーな「宝物」にすることで、時間があなたに報いることになり、あなたをさらに幸せにしていきます！

そのとき、人生のクオリティは高まり、ごく自然に、素敵な現実が目の前に現れていることでしょう！

本書の内容

Chapter 1☆暮らしを整える☆家でくつろぐために
Chapter 2☆金運を整える☆一生お金に困らないために
Chapter 3☆精神を整える☆気づきと学びのために
Chapter 4☆夢のビジョンを整える☆キラキラ輝くために
Chapter 5☆運命をより良く整える☆逆境を乗り越えるために
Chapter 6☆スピリットを整える☆波動を上げるために